天 地 之 美　　阅 然 纸 上

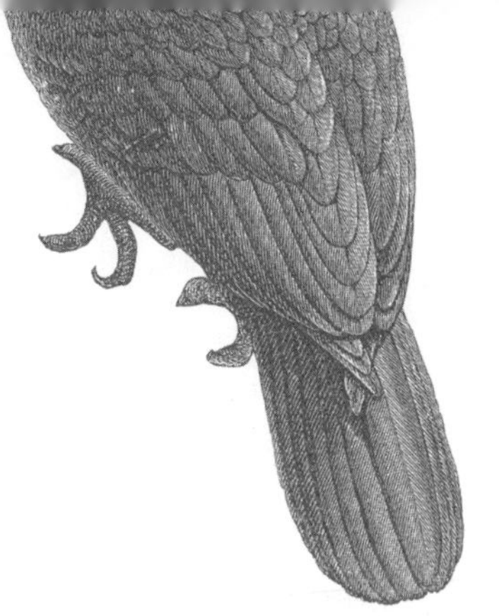

听懂它们的声音

Why Animals Talk

动物交流的新科学

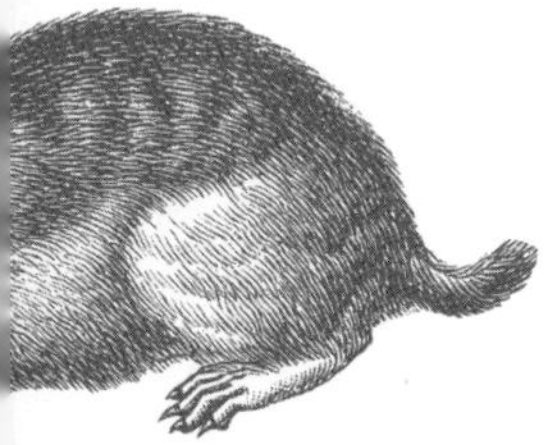

[英]阿里克·克申鲍姆 著

猫盟 译

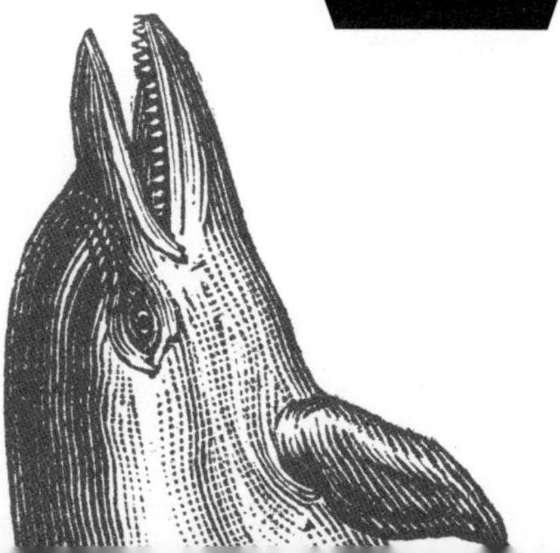

湖南科学技术出版社·长沙

图书在版编目（CIP）数据

听懂它们的声音 /（英）阿里克·克申鲍姆著；猫盟译 . -- 长沙：湖南科学技术出版社，2025.5.
ISBN 978-7-5710-3486-3

I. H026-49

中国国家版本馆 CIP 数据核字第 2025GK2157 号

Copyright © Arik Kershenbaum 2024
First published as WHY ANIMALS TALK in 2024 by Viking, an imprint of Penguin General. Penguin General is part of the Penguin Random House group of companies.
Copies of this translated edition sold without a Penguin sticker on the cover are unauthorised and illegal.

著作权登记号：18-2025-027

TINGDONG TAMEN DE SHENGYIN
听懂它们的声音

著　　者：	[英] 阿里克·克申鲍姆
译　　者：	猫　盟
出 版 人：	潘晓山
总 策 划：	陈沂欢
策划编辑：	宫　超　孙成义
责任编辑：	李文瑶
特约编辑：	张　悦
版权编辑：	刘雅娟
责任美编：	彭怡轩
营销编辑：	王思宇　魏慧捷
装帧设计：	李　川
特约印制：	焦文献
制　　版：	北京夏和书情文化传播有限公司
出版发行：	湖南科学技术出版社
地　　址：	长沙市开福区泊富国际金融中心40楼
网　　址：	http://www.hnstp.com

湖南科学技术出版社天猫旗舰店网址：
http://hnkjcbs.tmall.com

邮购联系：本社直销科 0731-84375808

印　　刷：	北京华联印刷有限公司
版　　次：	2025年5月第1版
印　　次：	2025年5月第1次印刷
开　　本：	710 mm×1000 mm 1/16
印　　张：	15
字　　数：	190千字
书　　号：	ISBN 978-7-5710-3486-3
定　　价：	68.00 元

（版权所有·翻印必究）

CONTENTS
目录

前言 INTRODUCTION
‹ 动物也会聊天 ›
- 001 -

第一章　PART 1
‹ 狼 ›
- 021 -

第二章　PART 2
‹ 海豚 ›
- 049 -

第三章　PART 3
‹ 鹦鹉 ›
- 075 -

第四章　PART 4
‹ 蹄兔 ›
- 101 -

第五章　PART 5
‹ 长臂猿 ›
- 123 -

第六章　PART 6
‹ 黑猩猩 ›
- 149 -

第七章　PART 7
‹ 人类 ›
- 173 -

结语　CONCLUSION
‹ 如果我们能和动物对话 ›
- 199 -

致谢　ACKNOWLEDGEMENTS
- 216 -

注释及延伸阅读　NOTES and FURTHER READING
- 219 -

图片来源　ILLUSTRATIONS
- 226 -

索引　INDEX
- 227 -

INTRODUCTION
前言

‹ 动物也会聊天 ›

人类几乎时刻被动物和它们发出的声音包围着，这在今天和10万年前并没有什么不同。白天，我们能听到乌鸦嘶喊、犬只吠叫（有的地区甚至有狼嚎），以及成群的鸣禽那鲜明又交织重叠的歌声；入夜，蟋蟀的唧唧声、猫头鹰的嚎叫和狐狸的呼号此起彼伏。这些动物在说什么呢？它们说的话是不是跟我们很像？又或许，只有人类能用语言交流，而动物只是无意义地喋喋不休？自从人类开始思考自己与自然界的关系以来，这一直是困扰我们的古老的谜团之一。我们真的是地球上唯一拥有语言的生物吗？如果是这样的话，人类的语言——这一内涵丰富、功能强大的交流方式，比起千万只椋鸟发出的强烈而混杂的声浪又有什么本质上的区别呢？蜜蜂的舞蹈能指引它们同巢的伙伴找到最好的食物来源，这与我们人类的语言功能何其相像？当一群正在树上叽叽喳喳的猴子看到人类从树下经过时，会发出愤怒的声音，我们真的能确定，它们不是在以类似于我们的方式说话吗？

当我们听到动物的声音时，实际听到了什么？

　　古人比我们现代人的生活环境更接近大自然，他们被各种生物的声音所包围，有些声音无关紧要，有些则代表致命的威胁。这个世界曾经充满了动物的声音，但现代交通带来了持续不断的嘈杂噪声，这些嘈杂声不仅淹没了昆虫轻柔的嗡嗡声，甚至还掩盖了群鸟的黎明合唱。难道动物所有的尖啸声、嗥叫声和歌唱声完全没有意义吗？从史前时代开始，人类就试图理解自己周围动物的声音。如果我们认同语言是标准的交流工具，就会很自然地假设动物也会说话。郊狼在夜晚的呼号与我们围着营火高歌并没有太大的区别；鸟儿们每天早晨互相呼唤，与我们清早问候家人和邻居也没什么两样。另外，当你离狮子幼崽太近时，成年狮子会发出警告的咆哮，其用意很难被误解。动物当然会说话！因此，我们的先祖体会到动物和我们一样，有灵魂、欲望和野心，当然也有流传至今的故事和传说。哪种文化中没有会说话的动物的故事呢？在《圣经》中，自称先知的巴兰有一头驴，这头驴因巴兰的虐待而斥责他；冰岛神话中有一只名叫拉塔托斯克的松

- 002 -

鼠，它是众神的使者，在生命之树上蹦蹦跳跳，喜欢挑拨离间；在古印度传说中，一只仙人化作的鹿诅咒了一个猎人，因为它在交配时被这个猎人射杀了。

那个充满了"动物会说话"的传说时代已经离我们远去。我们可能对《伊索寓言》中两只蚂蚱为过冬储存食物而争吵的可能性持怀疑态度，但我们不会怀疑，自家的宠物猫狗会告诉我们什么时候要喂食、什么时候该出门。在当代，从经典的迪士尼电影《狮子王》，到准现实主义小说《兔子共和国》和《我所知道的野生动物》等作品，我们对会说话的动物的故事仍然兴趣不减。人类之所以对动物说话的可能性如此执着，一部分是因为我们想了解它们的大脑在想什么；一部分也是为了我们自己。也许动物不只是没有思想的机器人，而是能够通过它们的存在，以一种更有吸引力的方式，来反映我们的感情和行为，你相信吗？

或许，动物确实有话要说——只是我们还不明白罢了。很多人都这么认为，但如何找到验证动物说话的方法呢？一直以来，哲学和宗教、直觉和常识主导着我们对动物的理解。一方面，一些哲学家（如200多年前的康德）非常明确地宣称：动物不能进行有意义的对话，因为它们缺乏理性。宗教领袖们也同意这一观点，因为若是将人类放在一个独一无二的位置上，就符合许多关于人类在所有造物中居于顶端的宗教叙事。另一方面，我们都觉得动物可能有更多的话想要表达——甚至相信它们会和我们说话。这两方面的看法都没能给我们一个真正令人满意的答案，这也不是一个简单的"是或否"能够回答的问题。动物的生活太复杂、太多样了，我们很难窥一斑而知全豹。在树上生活的知更鸟，比同样在丛林中的黑猩猩生活要简单，那么它们的交流方式怎么会相似呢？我们即便挠破了头也难以想象海豚的生活环境，若拿来与我们熟悉的其他动物做简单的比较，显然不可能让我们的认知有所增进。

因此，我们需要更严谨的方法。如果我们不想一厢情愿地坚信动物会与我们说话，又或是武断地认为人类天生就比其他动物优越，那么我们就必须通过调查研究去寻求客观的真相：动物可能会说话，也可能不会。

然而，到目前为止，所有的科学进步并没有让我们对动物说话问题进行更深入的研究。总的来说，科学家们一直不愿意解答诸如"动物的声音意味着什么"这样的问题。基于大约400年前文艺复兴时期哲学家笛卡尔的引导，科学界倾向于认为动物缺乏任何内在的心理体验，没有认知状态或认知需求。我估计他们是这样想的：既然动物脑子里什么都没有，那它们也就没什么可说的。事实上，笛卡尔把非人类的动物描述为"自动机"（automata）[1]，也就是机械；捷克科幻小说家卡雷尔·恰佩克（Karel Čapek）在他1920年的反乌托邦戏剧《万能机器人》（*R.U.R.*）中创造了"robot"（机器人）一词，它反映了忽视动物意识带来的无穷麻烦；恰佩克还写了一部精辟的小说《大战蝾螈》（*The War with the Newts*），在这部小说中，人类认为动物只不过是无脑的自动机，最终导致了自身的毁灭。

尽管150年前出现的实验心理学取得了一些进展，但科学家们的主要兴趣仍然是探索大脑的工作机制，好像大脑是一个神秘的黑匣子。穿白大褂的实验心理学家通过观察老鼠如何穿越迷宫，来研究动物对特定刺激的反应，而不是探寻它们在想什么；测量一只动物用多久学会分辨喂食按钮和电击按钮，让科学家们知道动物是可以学习的，但并没有给出它们为什么能学习的线索。通过观看自然纪录片，我们似乎应该明确认识到，对动物行为的科学研究应该考察它们在野外的行为方式，而不是局限于实验室里。实验室研究动物的理论前提是，如果动物只是对任何刺激做出本能反应的自动机器，那么研究人员就应该能够在实验室内完全了解它们。无论是使用迷宫和拼图进行智力实验，还是通过在动物大脑中放置电极来测量其大脑电活动的探索，都应该能揭示"动物是如何工作的"，就像拆卸汽车发动机会让我们了解关于内燃机的一切一样。这种思路的错误在于先入为主地认为动物与人类有根本上的区别，而且比人类简单——动物一定是机器。尽管古代文化乐于相信"会诅咒的驴子"和"信使松鼠"，但近400年来的欧洲哲学家却想表明，在整个宇宙中，除了按照上帝形象创造出来的人类，其他一切都可以简化为一套发条机械指令，动物不会说话的观念在西方文化中根深蒂固。

20世纪的科学开始挑战这些人类优越论的旧观念。为什么我们觉得动物和人类如此不同呢？我们不能简单地认为，因为人类的行为与其他动物大相径庭，并且有能力取得更复杂的技术成就，所以人类的基本构成就与其他动物不同。人类，和如今还存在着的其他动物一样，在38亿年前从同一个祖先演化而来。将人类和动物置于演化的背景下，一门新的学科诞生了，这个学科主要研究野生动物的行为——毕竟，没有动物会自然演化出在实验室的迷宫里跑来跑去、按下按钮这种行为，所以我们为什么要在这样一个非自然的状态下，而不是在它们适合的生境中做研究呢？20世纪20年代和30年代，这一新领域的两位领路人，诺贝尔生理学或医学奖获得者尼科·廷伯根（Nico Tinbergen）和卡尔·冯·弗里希（Karl von Frisch）被蜜蜂觅食的方式所吸引，这促使弗里希破译了蜜蜂舞蹈的"语言"。一百年前，"语言"这个词本身还没有足够明确的定义，所以没有人太担心一只蜜蜂传达给蜂房其他蜜蜂的简单信息，是否真的复杂到与人类的语言一样——不过没关系，魔咒已经被打破了：那种认为人类是唯一能够相互交流的生物的想法已经站不住脚了，也许动物真的会说话。重要的是，这门被称为动物行为学的新学科，是在演化的背景下考虑动物的行为，这一点非常重要。因为它不仅仅描述了动物的行为，还为动物行为学家提供了一种行为解释机制。尽管当时达尔文革命性的进化论已经发表了70年，其深刻含义仍然影响着科学界：是的，一个动物可能有长角或大吼大叫，但我们能解释为什么吗？自然选择的演化提供了这个问题的答案。由于专注于动物行为的演化机制，我们得出的关于会说话的动物的任何结论都不是基于臆想的一厢情愿，也不会浪漫化——动物之所以会有特定行为方式，是因为这些行为让它们获得了一些优势：它们可以更好地生存，要么能繁殖更多后代，要么能更有效地养育后代。几百年来，哲学一直认为科学必须总能显示出人类的优越性，现在，进化论的观点帮助科学摆脱了哲学陷阱的束缚。

宗教和哲学理论认为人类比其他动物更优越，这种观点不仅在古代备受推崇，甚至如今依然非常强烈和普遍。几个世纪以来，从基于宗教理由认为动物没有灵魂的笛卡尔，到史蒂芬·平克（Steven Pinker）和丹尼尔·丹尼特（Daniel Dennett）等现代哲学家，都拒绝任何关于动物可能拥有某种曾被认为是人类独有的特质的主张。但如果说话是有益的，如果它能满足动物生存和繁殖的需要，那么动物就有可能演化出来这种能力——就这么简单。进化论不允许教条，无论是哲学家的教条还是宗教领导者的教条。20世纪20年代，弗里希对蜜蜂交流的研究打开了一扇闸门：从那时起，人们对动物之间如何交流、为什么交流，甚至用什么方式交流产生了极大的兴趣。与这些内容有关的书籍、期刊、会议和课程层出不穷，动物交流成为一个活跃而快速发展的科学研究领域。现在我们对于鸟鸣在吸引配偶中的作用、猴子对不同种类捕食者发出的警告声已经有了很好的解释，但仍然有无穷无尽的谜团有待解开：座头鲸为什么唱歌？大象用它们那人耳听不见的低沉的隆隆声（次声波）在互相诉说着什么？礁乌贼皮肤上复杂的旋转图案是为了表达某种信息吗？

然而，科学家极少向公众宣传研究成果。许多人仍然认为"动物交流"意味着与鲸或马的某种心灵感应。让我们面对现实吧：我们都希望自己可以和动物交谈——即使是像我这样的动物交流学科学家。我猜我的同事们都曾梦想过与某个物种进行一次复杂的对话。也许科学领域的进步确实令人着迷，但与我们想要的还相去甚远：如果能有一台计算机，只要按一下按钮就能为我们翻译动物所表达的内容就好了。要找到一本解释狗狗肢体语言的书很容易，但很难找到关于动物为什么会说话，以及它们真正想要传递什么信息的解释。科学家并没有很好地展示我们到底知道多少动物表达出来的信息，其实，我们知道很多。

所以我写了这本书。我对于动物之间交流的研究，覆盖了狼、海豚、鹦鹉、长臂猿和一些其他物种：它们说了什么、为什么这么说，以及这些信息是如何包装并传递给其他动物的。说实在的，我想不出比这更令人兴奋、更有吸引力、更富于乐趣的研究了。我写这本书的目的不是告诉你动物在说什么，而是想带你们进入动物的交际生活。动物都说些什么呢？它们会交流一些它们认为有趣的事情。但对于我来说，更有趣的是了解动物说话的原因和方式，它们选择某种交流方式的原因及交流内容，包括它们是谁、将做什么。如果我们能理解其中的原因，那么我们就能更完整、更全面地理解动物，而不仅仅是翻译——因此，本书与其他关于动物交流的书有很大的不同。除此之外，贯穿其中的是一个我们可能都曾思考过的更深层次的问题：人类的说话方式与动物的交流方式之间有什么联系？科学能将两者联系起来吗？人类语言和动物语言之间有什么本质性的共通之处吗？

我远离人类去野外工作，来到丛林、沙漠或水下，在那里，我是到动物家里做客的陌生人，我很幸运能够在动物的栖息生境中与它们相遇。这是唯一能理解动物习性及其形成原因的方法。我试着跟其中一些动物沟通，因为如果不去体验、感受动物的真实生活，那么任何试图去理解它们的尝试都是纸上谈兵。行为通常服务于一个目标——寻找食物、寻找配偶、避免被天敌吃掉。要理解这些行为，我们必须先了解动物的终极目标（即演化目标）：它们需要做什么才能实现目标，以及这种行为（在我们的研究范畴中是沟通行为）如何帮助它们实现目标。

首先，动物为什么会说话呢？

我曾经做过一次关于海豚交流的公开演讲，一位观众问我："海豚有没有心灵感应？"如果你回答"没有，当然没有！世界上没有所谓心灵感应这回事"，这种回答在技术上是准确的，但不恰当（我的《动物学家的银河系漫游指南》解释了这个问题）。我的科学教育目标不是给出技术上准确但不恰当的答案，因为这对受众并无帮助。与向公众传播物理学、数学等其他学科知识相比，在动物交流领域，我们的目标与其说是传达事实，不如说是澄清误解。许多表述很少因为技术上的错误而被误解，更多的是需要在概念的措辞方式上做一些微妙的改变，就能得到一个更容易让人接受的解释。为什么人们会认为海豚有心灵感应？大家认为心灵感应是什么？从字面上看，心灵感应是远距离的情感传递。当然，这就是沟通！当你的狗狗耷拉着耳朵可怜巴巴地看着你时，你自然明白是时候带它去散步了，这当然是一种交流，一种不用语言的交流。那么，这是心灵感应吗？不，这是沟通。改变问问题的方式，换一个角度去思考，都是一种有用的教育技巧，和正面提供信息一样有价值。

第一个要打破的旧观念是，认为动物是毛茸茸或披着羽毛的小人儿。如果它们是，那么我们就可以毫无疑问地认为，动物之间的交流方式类同于人类语言交流的方式，说不定可以像我们在学校学习拉丁语一样。但动物并不是毛茸茸的小人儿，它们演化出了与我们截然不同的需求：对周边生境不同的认知需求，对周边其他动物不同的认知需求，以及与其他动物传递信息的需求。我们认为，在大街上用"今天天气不错"来问候某人并无特别之处，在两个陌生人之间，这种问候并不传达有实质意义的信息。但事实上，我们是谁，以及我们的沟通需求是什么——这种问候方式实际上能告诉我们很多信息。人类演化至今，所生活的社会非常复杂，与陌生人相遇可能会获得重要的机会，也可能遇到严重的危险：在街上遇见某人可能会以一段爱情或残忍的抢劫而告终。像"今天天气不错"这样的礼节性问候，可以表明我们遵守社会规则的意图，从而有助于保持社会的平稳运行。然而，两只兔子或者两只海豚在相遇时真的会发出类似的问候吗？或许吧。显然，这取决于它们所处的社会性质，以及它们促进社会互动的方式。这意味着，我们想要理解动物之间的交流，就必须了解动物社会。当然，我们不能仅仅因为自己这样做，就假设动物在迎面相遇时也会谈谈关于天气的无关紧要的看法。显然，如果想了解动物到底在表达什么，我们就必须首先了解动物个体之间是如何相互联系的、它们的社会结构，以及它们为什么要说话。

首先，动物会制造很多噪声，这意味着它们为此投入了大量的时间和精力。从长远来看，演化是经济的，浪费能源会使你处于不利地位，因此这种行为很可能在相对较少的代际更替后从种群中消失。我们的祖先和其他灵长类动物一样，身上覆盖着皮毛，但在大草原上奔跑追逐羚羊时，这身"皮袍"就成了负担。最终，我们舍弃了皮毛。如果发声是一种无用的能力，那么你也会希望它消失。但实际上发声动物无处不在，所以这些声音的产生似乎有某种演化上的好处。不仅如此，声音交流似乎是许多动物的特征：不唱歌的欧亚鸲算不上知更鸟[2]，不嚎叫的狼算不上狼。动物的生活方式、演化史与它们发出的声音之间存在着某种联系，这种联系使得这些声音成为每个物种的本质特征之一。不能仅仅因为我们的文化认为狼必须嚎叫，就说一头不会嚎叫的狼不是一头合格的狼；但是，一头不会嚎叫的狼在自然中处于明显的劣势，它无法在冰天雪地的北极找到伴侣，也无法呼唤伴侣给幼崽喂食；一只不会唱歌的欧亚鸲没法守卫它的领地，侵占者要么不知道这片区域有主人，要么认为这片区域已经被原来的主人放弃了。这些基于进化论的洞见在过去的50年充分发展，它带领我们进入动物的内心世界。如果我们知道动物为什么会说话，我们就能知道它们说了什么内容。

但审慎的科学方法未必能给我们想要的答案。我们可能永远无法做到像怪医杜立德[3]那样和动物对话；或者我们可能会发现，我们的确可以与动物交谈，从而证实人类在这方面并不特别。最有可能的答案是介于两者之间。科学家们正在一点一点地接近那些揭示动物真实情况的答案。对于对自然世界真正感兴趣的人来说，这是一个值得花时间和精力的工作。五颜六色的花朵或在大草原上迁徙的角马——欣赏大自然的壮美奇观并满足于不求甚解，本身就乐趣横生；在动物园里，小朋友对着猴子的滑稽动作兴奋地尖叫——只要我们能从猴子的行为中得到乐趣，真的有必要再去理解它们为什么会有这样的行为吗？我认为有必要。物理学家理查德·费曼（Richard Feynman）曾经评论过科学家对奇妙自然的看法，他将艺术家对世界的基本美学观点与科学家的机械论倾向进行了比较，他说："各种各样有趣的科学问题只会增加面对自然之花的兴奋感、神秘感和敬畏感，一句话说就是锦上添花，而不会减少这些情感。"

我也许比很多人更能欣赏大自然的瑰丽之美，因为我很幸运，比大多数人看到的都多。我也因感受到无数角马构成的奔腾之流撼动大地而敬畏地颤抖，但是在对如此壮丽奇观的敬畏之上，我又会生出一丝好奇心，我想知道为什么会有数量庞大的角马聚集在一起。我认为对动物行为探索的强烈动机，并非建立在相信诸如大猩猩会讲睡前故事，或者海豚会交流创世神话传说等类人行为之上。

即便我们永远不可能像与人交谈一样与动物交流，但通过探索这些可能性，我们会发现是什么造就了它们如今的生活方式。通过研究同物种间基于其自身原因的无语言交谈，我们可以更加了解什么是真正的语言，这种研究对于我们了解自身也颇有益处。人类与其他动物之间究竟有何异同？这个问题困扰了哲学家几千年，如今也同样困扰着我们。我们只是非常聪明的猿类吗？我们与其他动物是否完全不同？如果是的话，人类有什么东西是其他动物没有的呢？答案可能是语言。我们会讲故事，我们有莎士比亚和J.K.罗琳，我们能够编写指导手册来制造电脑和宇宙飞船。在很多方面，语言是人之所以为人的关键，或者至少使我们成为一种非常特殊的动物。不过，我们的交流方式与其他动物的交流方式既有相同之处，又有不同之处。我们在观察猴子互相交谈或鸟儿合唱时，其实也是在观察人类的远祖，他们在演化出语言之前也拥有类似的行为。在远古历史的某个时间点，可能是几十万年前，我们的祖先和其他物种没有本质区别。回溯600万年，人类和黑猩猩有着共同的祖先，早期人类继承了远祖的语言能力并逐渐适应；他们与生活在同一时期的猛犸象和剑齿虎所使用的交流工具基本相同，如其他所有动物都会有的警告声和吸引配偶的歌声。在急剧增长的群落规模和日益复杂的群落结构的推动下，我们的祖先在原有交流方式的基础上，演化出了第一种语言。因此，人类的现代语言保留了许多在如今的大象和狮子身上仍然可以观察到的特征。也许，这就是为什么我们对动物说的话如此着迷：虽然不易察觉，但动物的声音与人类的语言似乎有一些根本联系。我们的语言与其他动物有多少共同之处，这个问题涉及人类的身份，以及人类在自然界中的定位。当你读这本书时，我希望你能看到这些反复出现的新趋势，当我们探讨为什么海豚或黑猩猩有如此复杂的交流方式时，这些共同线索会一次又一次出现。这些趋势同样适用于观察我们和我们的祖先。人类的语言与其他动物的语言可能有本质上的区别，但它们产生于同样的限定条件：在一个复杂的社会中，个体之间有复杂的事情要告诉对方。

有很多书都是从更科学的角度探讨动物说话的内容，有些书教你如何和你的狗交流，有的书教你如何让马平静下来。通常情况下，书中会假设动物有一种特殊的能力：要么假设它们是有理性的生物，能够像人类一样使用语言；要么假设它们像没有头脑的机器人，本能地喋喋不休。这两种说法都不具有普遍性，也不准确。它们都忽视了一点：所有物种都是不同的。动物因演化而占据不同的生态位，以不同方式实现它们的目标：用利齿捕捉猎物，或靠皮毛在雪地里保暖，或用声音传递信息。如果认为所有动物都有相同的交流需求，或具有相同的交流能力，那就大错特错了。有些动物需要传递的信息比较多，有些则很少。像蜗牛和蠕虫彼此之间可能没有太多的交流，仅仅是因为它们的生活并不需要太多的交流；而海豚和黑猩猩等物种拥有令人印象深刻的沟通能力，甚至是与人类沟通的能力。这些不同的现象只能用动物与环境之间的相互作用，尤其是动物与同物种其他个体之间的相互作用来解释。在解答动物如何说话和说什么内容之前，需要先回答一个更重要的问题：动物为什么需要说话？

章节提要

本书的每一章都聚焦于某一个标志性的或有一些特色的物种。我认为，与其重点关注科学，不如重点关注动物本身，并在此过程中引入一些科学知识，这样会更有趣。跟我一起进入动物的世界吧！只有在动物的世界里才有可能了解它们的确切信息。人们对一些聪明、善表达的动物有根深蒂固的成见：残忍、邪恶的狼，常常友好微笑的海豚，没头脑爱模仿的鹦鹉……这些成见束缚了我们进一步了解它们。只有到野外近距离观察动物，我们才能了解它们的内心世界。

本书第一章讲的是我研究最多的物种，狼。狼是我们在野外探索中的一个关键物种，因为它们给研究者提供了非常多的信息。它们很聪明、"爱说话"，但最重要的是，它们是高度社会化、能高度合作的物种，社会性给它们带来了生存上的优势。

第二章是关于海豚的故事。很多人认为海豚隐藏了它的智力，认为它是所有物种中最有可能挑战人类智慧的物种。每个人都喜欢海豚，但人类对它们有很多误解，经常过度热衷于将它们与人类进行比较。在这些炒作的背后，隐藏着海豚非凡的特质。这一章讲述了海豚的智慧、社会性、超强的交际能力，以及探寻海豚相互之间会传递什么信息。

第三章，我们来聊一聊鹦鹉。鹦鹉的表达能力经常让我们感到惊讶，无论我们说什么，它们似乎都能模仿出来。鹦鹉真的在说些什么吗？它们真的在思考什么吗？我们能够知道它们到底在想什么吗？是什么样的野外生活史让鹦鹉拥有如此令人意想不到的能力？

第四章讲述了大多数人都不太熟悉的物种：蹄兔。蹄兔是像兔子一样毛茸茸的小动物，是一种不寻常的生物。它们悠长而复杂的歌声揭示了动物交流的一个重要特征：复杂的歌声有什么作用？动物的歌声是随机的，还是具有重要的规律？

第五章是关于长臂猿的故事。长臂猿和人类同属类人猿，但与黑猩猩、大猩猩、红毛猩猩等其他类人猿不同的是，长臂猿的啼鸣复杂多样。在人类的近亲中，这些在丛林中优雅地荡来荡去的长臂亲戚可能拥有最接近人类的语言，达尔文就是这么认为的。如果长臂猿反映的是非人类祖先在1500万年前的生境，那么我们就可以通过观察它们来想象我们的祖先最初是如何开始以及为什么开始复杂的语音交流的。

我们会在第六章中遇见黑猩猩。研究人类近亲之一的黑猩猩让我们更加了解自己。在动物园里看到黑猩猩时，你可能会产生一种不可思议的相似感：看到的是"本是同根生"的近亲。与其他物种相比，黑猩猩相互之间会表达更多类似人类的想法。除了它们是谁、想要什么之外，它们还能表达出友善、关心和不悦等情感。即便没有语言，黑猩猩也生活在一个功能近乎完善、特征明显的社会。毫无疑问，它们是研究我们与其他物种交流的共同点的终极对象。

最后一章是关于我们人类的故事。人类在动物王国中处于什么位置呢？如今的每一种生物与人类一样都经历了数十亿年的演化，因此在某种程度上并不能说人类就比其他物种演化得更高级。人类在地球上做得实在糟糕极了，事实上就目前的情况来看，我们可能正在走向自我引发的大灭绝，但我们又确实有一套其他动物不具备的技能：语言。我们所说的内容和说话方式有多少可以通过蹄兔、鹦鹉和长臂猿的表现来解释？人类拥有诗歌、音乐、科技和书籍，但这一切，包括那些其他物种没有的东西，都是我们的祖先通过自然选择演化而来的。甚至我们独特的语言能力，也主要归功于自然界随处可见的复杂的交流。

声音，而非视觉或气味

你可能会惊讶于我似乎只专注声音交流的研究。动物有许多交流方式：有的通过视觉，就像鸟儿炫耀彩色羽毛；有的通过嗅觉，就像雌蛾用微量信息素把雄蛾吸引到身边；通过土壤传递的微小振动非常适合生活在地下的鼹鼠；蜜蜂的舞蹈和姿态，指明了通向最佳蜜源的道路；一些生活在阴暗丛林河流中的鱼类甚至会运用电场来交流彼此的性别、身份，甚至个体识别。每一个主题都值得写一本书，我们没办法将描述动物交流的各种可能方式全部塞到一本书里，正如一本书不可能详尽描述所有动物的食性。有些物种，比如黑猩猩，视觉交流似乎比声音交流更重要。然而本书主要关注声音，因为声音具有特殊的重要性。在所有动物的交流媒介中，只有声音同时具有以下四个关键特性：可长距离传播、传播速度快、可包含大量信息，最关键的是，声音能绕过物体传播。即使你躲在一棵树的后面，仍然可以听到老虎的咆哮声——它可能想吃了你。由于这些原因（可能还有其他的），声音已经成为地球上最重要的交流媒介。但我专注于研究声音交流，并不仅仅因为我们周围动物的声音有着难以置信的多样性：鸟的叽喳、蝉的鸣叫、鲸的歌唱……大自然的声音固然令人敬畏，但对人类而言，声音如此重要的另一个原因是，我们所知道的唯一真正的语言，即人类的语言，主要是靠声音表达的，即便有如讽刺性地扬眉、困惑地歪头或者睁大楚楚可怜的大眼睛等微妙的肢体语言，但那也仅仅是补充而已。我希望读者们能主动提出这类问题：人类的声音与大自然中动物的声音有多少异同？人类的语言和其他动物交流方式的差异是种类上的差异，还是程度上的差异？

将声音转换成图像

你不需要对动物有太多的了解就能读懂这本书。大多数人都有过一些相关经验：尝试理解我们的宠物在说什么，或者在花园喂食器旁观鸟，甚至只是沉迷于自然纪录片。而对于动物说话这件事，你需要做的就是对于动物之间的交流持开放的心态。如果你一开始就认定动物"一定"拥有像人类一样的语言，或者认为动物"显然"不会说任何有意义的话，这并无益处。下面就来看看，我们有什么发现，以及哪些证据能够证明这些发现。

在读这本书的时候，如果你真的能听到我所描述的动物的叫声那就太好了！幸而，在某种程度上这基本上能实现。科学家们用一种叫作频谱图的技术来研究动物发出的声音。频谱图是声音的视觉表现形式，它将声音以时间和音高划分，使我们更容易理解声音的不同元素，即便听不到实际的声音，你也能够从一张图片想象它听起来像什么。人类有优秀的视觉处理能力，我们实际上更擅长理解图片而非声音，所以将复杂的声音转换成视觉形式可能更容易理解。我们可以通过练习观察频谱图想象出声音本身。我将在这本书中使用频谱图来说明动物发出的各种声音，以及这些声音在时间上的发生顺序。但是，与我在学术期刊上展示的实际研究频谱图不同，这里我将采用简化版的频谱图，降低其复杂性，这样你就能看到它们最重要的特征了。

理解频谱图非常容易，它们在概念上和五线谱非常相似。时间从左到右，音调从低到高。以乔治·格什温（George Gershwin）著名的《蓝色狂想曲》开头的小节为例。相应的频谱图可能和你印象中的声音很像，也可能不像。但是，如果我简化频谱图，只提取声音的重要特征，它看起来就更容易理解一点了。

◆ 《蓝色狂想曲》五线谱。

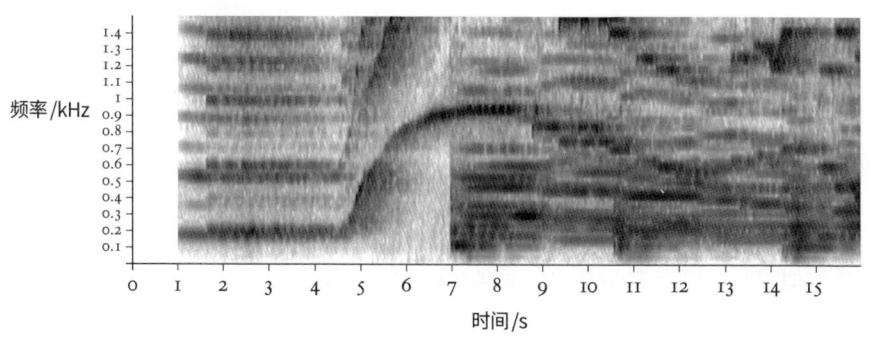

◆ 以频谱图的形式呈现。

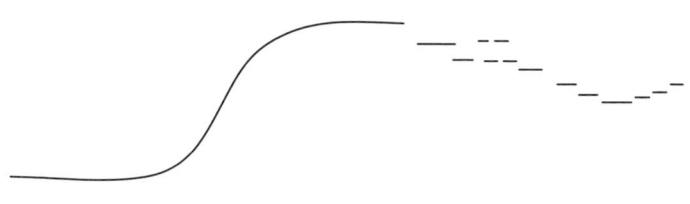

◆ 简化的频谱图。

  你可以从图上看到音乐清晰的轨迹。先是单簧管标志性的滑音，后面跟随着什么？即使在频谱图上，你也能看到那是单独且不同的音符。简化形成频谱图将音乐和动物的声音形象化地呈现在纸上,这是最好的方法了。所以,我将在各个章节中大量使用简化频谱图。

为了确保你们了解,我们先做一个小测试。不看标题,你能认出下面的频谱图吗?提示一下:这是 1968 年的电影《逍遥骑士》中一首经典歌曲的副歌。

◆ 荒原狼乐队《生来狂野》副歌的简化频谱图。

我选择用荒原狼乐队的《生来狂野》副歌来解释简化频谱图是有理由的,这首类似嚎叫般的副歌非常适合呈现狼的嚎叫、海豚和鹦鹉的哨鸣,还有蹄兔的尖啸和长臂猿的啼鸣。

人与动物之间

说到这里你会注意到,这些不同的物种都有一个共同之处。无论是狼家族成员之间的信息传递、鹦鹉之间的邻里纠纷、蹄兔复杂的鸣唱,还是海豚之间的长期关系,无论它们生活在水下、地面还是空中,动物们都有相似的需求:在群体中明确自己的地位并获得群体的支持。所有物种都发展出了谈论这些需求的方式。没有交流，社会性就会停滞不前；没有社会性，就不会有狼群，不会有黑猩猩部落，当然，也不会有人类的城市。

说回到人类，我们与其他动物有多少质的区别？我们又保留了多少祖先的沟通需求？的确，人类的社会和语言比其他物种都更复杂。人类沟通的特殊性体现在一个非常简单的方面：我们所能传达的概念和数量不受限制。这很奇怪，因为人类的大脑容量是有限的，而且相对来说真的很小。尽管如此，它干得还不错，就像我能写出这本独一无二的小书。而且，没有任何动物的大脑能够与之匹敌，即使如海豚、鹦鹉或黑猩猩等物种的神经系统有构建无数不同信息的潜能，但在野外环境中，它们终究没能做到。毫无疑问，我们可以将语言定义为无限的交流潜力。然而，这个定义背后也存在一定缺陷。我们是如何获得这种无限的能力的，这种能力又从何而来？让人类如此特别的无数特质，是如何有效地拼合在一起的？其他动物有多少这样的特质？说不定有，但没能充分发挥它们的潜力。找出这些潜在的共同点，可能对我们与其他物种的交流有所帮助。这正是我写这本书的目的。人类在万物共同的基础上演化出了独特的能力。这些基础，有的物种拥有的多，有的物种拥有的少，但即便那些拥有全部或几乎全部基础的物种，仍然没能像人类的祖先那样有效整合起来，开始说"人话"。虽然动物说的"动物话"不是一种语言，但试图理解它仍然很吸引人，可以将它作为参照，有助于人类了解"我们真正是谁"。

最后，我希望每个人都能看到我们与动物伙伴之间的共同纽带。的确，极少有读者会在野外遇到海豚或长臂猿。但是，当你与喂食器旁的蓝山雀，或者夜晚与一只过路的狐狸进行眼神交流时，了解这些动物的意识活动有助于我们加深对周围世界的理解。我并非简单地摒弃"我们能与动物交谈吗"这样的设想，而是希望能真正找出答案，不是回避或流于幻想。我们害怕时会尖叫，小鹿也是，我们与小鹿之间一定有很多共通之处。但与此同时，我们已经演化到能够相互交谈的水平。我们也能和动物交谈吗？让我们一起来看看吧。

PART 1
第一章

‹ 狼 ›

这里寒气逼人，即使是在无风的密林之中，空气依然凛冽刺骨。起初，四周无边的寂静带来的强烈孤独感，让身处密林的你以为自己是这世界上唯一的生物。只有雪地中啮齿类动物发出的窸窣声提示着你这里有其他生命存在，尽管它们对你漠不关心。然而，或许还有体型更大的生物在四周蛰伏。很快，你的耳边响起一阵低沉的嚎叫，如风一般，音调缓慢、忧伤地上扬，然后下沉。一只动物出现了。你绝不会搞错这种声音，任何听到它的人都会发出一阵寒战。对于凑巧看到这一幕的人来说，它们像是对着空无一物的世界进行呼唤，然而这里是它们的家。没有什么比狼群的叫声最能提醒我们正身处荒野之中了。它们在说些什么？它们和这叫声一样孤独吗？它们在示威吗？我想要了解这些生物，了解它们是谁，了解它们在说些什么，了解它们为什么这样做。狼与我们如此不同，却又如此相似。在所有野生动物中，狼是与我们的关系最紧密的。为什么这样说呢？因为我们早已把它们的"亲戚"带到了家中成为我们"四条腿的伙伴"，并将这些伙伴塑造成能够适应我们生活的样子。如果我们之间没有这么多相似之处，这一切是不可能实现的。了解狼，就是了解人类自己。那么，我们应当从何说起呢？

人类对狼的嚎叫声有着几乎本能的反应。比起其他动物的交流，狼嚎更能让我们感受到与自然的紧密联结，也更能让我们感受到危险。不过，我个人觉得狼嚎能够让人平静下来。狼是一种能够把严苛的环境当作家园的生物，它们无须温暖的房屋和先进的科技就能生存下来。它们在林中漫步，正如我们在街区遛弯一样，从来不会担心离家太远。狼需要哪些身体和精神上的能力才能在这样的环境中存活下来呢？人类在一片丛林里会陷入恐慌，正如狼在伦敦郊区也会感到恐惧和迷失一样。森林是一个荒凉的地方，但如果你的家人都在身边的话，你就会感到熟悉和舒适。从冰冷的冻土到深邃的海洋，动物们逐步演化，以利用其他动物未使用的资源。虽然森林里有食物，但是为了捕到猎物、生存下来，动物必须学会团队合作，依靠朋友和家人，否则就将失去一切。狼之间的嚎叫不只是为了威胁或恐吓，更是为了交流，就像我们给朋友发信息询问他们的近况和动向一样。狼这种动物能够在一天之内穿越森林、翻山越岭，行走数十千米也不在话下。只要它们还能嚎叫，就永远不会与亲人和朋友失去联系。狼嚎与尖牙和皮毛一样，都是狼的特征，这些特征使狼和它们的生存环境如齿轮咬合般完美地嵌合在了一起：皮毛帮助狼应对风雪，狼嚎使它们适应丛林生活。

狼为我们打开了理解动物交流的大门，我们与它们十分熟稔，甚至能产生共鸣；但又十分陌生，在观察它们时发现更多动物与我们的差异。它们拥有高度的社会性，这是演化出复杂交流能力的关键特征。群居是狼在自然环境中生存下来的唯一方式，但群居生活也同样有弊端。为了解决社会环境和自然环境中的各种难题，狼演化出了复杂的交流方式。你会不会觉得所有狼嚎声听起来都一样？但实际上，狼嚎有着无穷的变化，并且能够把这些变化可靠地传递到数千米之外。我们可以研究狼的嚎叫声，探究这些复杂的叫声包含了多少意义及其演化过程。如果搞懂上面所有的问题，我们能加以利用吗？我们能够理解它们的私密交流，然后用同样的方式进行回应吗？

狼是谁？

狼是荒野中难以研究的动物之一。你可能认为科学研究的前沿在遥远的星系、原子的核心或海洋深处，然而，狼作为人类熟悉的动物之一，我们对其行为却知之甚少。狼是异常谨慎的生物，它们远不像恐怖电影所描述的那样攻击性很强，实际上更倾向于远离人类。有人会问我："你身处荒野的时候不害怕狼攻击你吗？"其实并不会，比起狼，我更害怕在冰雪覆盖的危险山路上滑倒。尽管狼的尖牙利爪能帮助它们猎杀驼鹿甚至庞大的野牛，但它们仍然很谨慎。这并不奇怪：像大多数顶级捕食者一样，它们生活在刀尖之上，不是幸存就是饿死。它们的生命取决于狩猎成功与否，而狩猎往往以捕食者或猎物受到几乎致命的伤害而告终。在一场生死搏斗中，野牛有力的蹄子和尖利的角会给狼造成致命伤害，因此对狼来说，谨慎至关重要，而人类则是陌生而又不可预测的，所以最好避开。狼能够以惊人的速度穿越崎岖的地形和深厚的积雪，如果它们不想靠近你，你根本接近不了它们。再加上狼的大部分活动时间都在黄昏或夜间，显然人类对它们的生活仍有许多不了解之处。

狼在许多人心中有着特殊的地位。大多数人在电视纪录片或动物园里见过狼，有些人可能在野外瞥见过狼的身影，或是听到过它们那令人难忘的嚎叫。但即便是我这样的动物学家，也没能找到一个能够深入了解它们生活的良机。如果想要了解狼，也许最可靠的方法就是对美国黄石国家公园的野生种群进行长期的科学研究。在这里，动物学家和志愿者持续多年甚至数十年，每天跟踪狼群并观察它们，了解每一头狼，看着它们来来往往，种群起起落落。19世纪末，伟大的自然学家和动物作家欧内斯特·汤普森·西顿（Ernest Thompson Seton）曾写道：

> **我们有多少人真正了解野生动物？我指的不仅仅是偶尔一两次的邂逅或把它们关在笼子里，而是在野外，花很长时间去了解它们，并观察它们的生活和经历。通常，问题在于如何区分某只动物与它的同伴。一只狐狸与它的同类看起来太像了，这让我们无法确定下次遇见的是否还是这一只。**[1]

这其中蕴含了深刻的道理。想想你家院子里的小鸟或松鼠，你真的能分辨出它们的不同吗？如果不进行个体识别，我们最多只能笼统地了解这个物种。发现个体、识别个体及其行为，并认识到它们作为独立个体的所作所为，这是动物学家研究动物行为的关键。要了解动物，就必须了解它们作为个体所发生的故事。在野外观察它们时，也要将它们与兄弟姐妹以及同种的陌生个体区分开来。对于我们来说，这些个体可能看起来很像，但是对于它们来说，那些陌生个体有可能是致命威胁。

自1995年狼群被重新引入黄石公园起，研究人员就开始研究它们了。尽管这些狼有时候无所事事，但科研小组还是会花很长时间，在寒冷的环境中通过望远镜观察它们。狼会放松、会玩耍，或者侦察某个插在雪地上的树枝。有时它们会狩猎、会打斗，也会交配。大多时候，它们只是闲逛，随心所欲。但也正是通过这样的观察，我们才能够借由这些自然的互动了解每个个体，从而了解它们在野外的生活是什么样的。[2] 我们很容易误以为狼只会一起捕猎，但实际上它们也会一起玩耍、一起睡觉、一起休息，当然，也会一起歌唱。

◆ 我和同事们在黄石国家公园观察狼群。我们花了很长时间站在雪地里，只能通过望远镜捕捉动物的身影。

和许多社会性的动物种群一样，狼群大多由家庭单位衍生而成，孩子会和它们的父母一起生活几年之后离开族群，有些年轻的狼会更早离开，去追寻自己的命运。家庭关系是驱动合作行为的强大力量。动物经过演化而具有支持和帮助它们的家族成员的行为，因为这符合它们自己的利益需求。这种行为确保它们的基因不仅能在自己的子女中延续，也可以通过兄弟姐妹的孩子延续下去。在动物王国中，以家庭为单位的社会群体极为普遍，从狐獴到甲虫皆是如此，当然也包括人类。我们希望自己的孩子学习知识，享受童年，成长为健康和成功的人，也希望他们在我们老年的时候能够赡养我们。这种情况也存在于其他动物中，尤其是狼：当其他成员狩猎的时候，年老或体弱的个体负责照顾幼崽，它们也会分到一份食物。狼之所以特别，是因为狼只能在群体中生存，这个群体越大越好。

如果你想捕食比自己体型大得多的猎物，比如驼鹿、野牛，你是无法独自狩猎的。狼的典型捕猎方式是长时间追逐，由多个猎手耗尽那只不幸的驯鹿的体力，直到让它失去行动能力，或者凭借数量优势压制它。然而事实证明，狩猎成功的概率与狩猎团队成员的数量并不是一直成正比关系。尽管在与具有极强耐力的猎物进行超长时间的追逐时，中途有新生力军作为替补加入对狩猎有一定帮助，但能捕捉到最多猎物的团队一般是由四头狼组成的团队。不过，狼群的狩猎规模一般都超过四名成员，因为它们组成团队不仅仅是为了狩猎。狼群是一个复杂的社会实体，提供了各种各样的便利，如果没有这些便利，那么每个成员的生活都会困难得多。

首先，一旦你捕获了那只驯鹿，郊狼、渡鸦，甚至熊等食腐动物便会蜂拥而至，希望能分一杯羹。如此庞大的狩猎团队也许不是捕获猎物所必须的，却是抵御外来者必不可少的。其次，还要考虑到其他狼群也在觊觎狩猎团队的领地和猎物。当与邻近的狼群发生冲突时，数量上的优势就显得十分重要了。狼群的规模以及成员的年龄和经验决定了狼群的实力，也决定了其中个体生存和繁衍的机会。这一点在狼群之间的交锋中尤其如此，对立双方会在可能造成高昂代价的冲突前仔细评估可能的结果，如胜利、失败，或停战。最后，由于狼群通常由家庭衍生而成，群体里的"叔叔阿姨"也扮演着照顾和保护侄子侄女的角色。如果你觉得狼群的这些特征就像人类的社会组织行为，那么你想得一点都没错。[3]

尽管在一个大群体中有着显而易见的优势，但族群内部也存在争吵、竞争和利益冲突。居住在一起的个体越多，特别是非亲缘关系的个体越多，族群内部产生冲突的可能性就越大。那该怎么办呢？对于狼而言，无论族群过小还是过大，都不利于其生存。就像人类社会一样，狼在它们的社会关系中也必须学会"讨价还价"，有时是请求，有时是哄骗，有时是威胁。合作需要有效的沟通，不仅要就合作任务的细节进行沟通，还必须表明这种合作是友好的活动，而非具有攻击性的活动。人类对这种情形十分熟悉，因为我们也有同样的需要：不仅要向他人清晰地表示我们想要互相帮助，还要表明帮助的方式。另外，有效传达不友好的意图同样重要，对于双方来说，通过协商解决冲突比诉诸暴力要好得多，张牙舞爪总好过于大打出手。在狼的世界里，"炮舰外交"也有好处：规模更大、实力更强的狼群会让更弱小的狼群在冲突开始前三思而后行。有效的社交沟通能够使族群内部和平共处，也能让动物与外来动物互动时获得优势。年轻的狼会离开原来的族群寻找伴侣，如果没有选择的话，它也许会加入一个小团体，越擅长社交的孤狼越有可能获得成功。沟通是将复杂的社会团结在一起的黏合剂，无论是对落基山脉的狼还是城市中的人类都是如此。动物社会越复杂多变，就越依赖复杂的沟通来保持平稳。

为了通过深入研究狼的交流方式来了解它们的社会环境，进而探究人类的社会环境，我们需要提出一些答案尚不明确的问题。要理解狼为什么这样嗥叫，我们要先理解狼为何要嗥叫，需要知道嗥叫究竟是什么。

群体中的沟通

狼与其他社会性动物一样，通过五花八门的沟通策略进行交流：它们借助声音、视觉和气味传达信息，其含义可能有人类难以察觉的细微的变化，但归根结底都是为了提高动物的生存和繁殖能力。我们的肢体语言也通常伴随其他的沟通方式。幼狼通过乞求的姿势和惹人怜爱的哼唧声来表达它们需要或渴望被喂食，成年狼则主要通过姿势来表达它们是否想要交配的意愿。如果母狼不想交配，它会毫不犹豫地用愤怒的咆哮来拒绝公狼。狼群是一个忙碌、复杂的群体，由很多相互交流的个体组成，每个个体运用各种手段使自己被理解。当个体相互靠近时，它们会使用多种多样的声音：嘈杂的咆哮声和犬吠声让它们听起来更像狗；它们还会发出更短促、更柔和的标志性叫声。科学家们会用"哼鸣""呜咽""吼叫"等词语描述这些多样的声音。在近距离观察时，很容易发现这些声音之间的差异，而这些差异也十分有用——如果你养过狗，你就知道愤怒的咆哮明显不同于玩耍时的叫声。

通常来说，我们能够理解这些声音中的一些含义。咆哮实际上听起来很愤怒，呜咽听起来则像是在恳求。这难道仅仅是我们的想象力过于丰富吗？并非如此。首先，自然选择让我们的祖先意识到咆哮的狼是愤怒的，在面对情绪不佳的捕食者时，这是巨大的生存优势。其次，特定含义的叫声具有共同的声学特征，即使是不同物种也容易理解其含义。有些声音在术语上被称作噪声，并不是因为它们很吵闹，而是因为它们主要由非纯音组成，例如白噪声。你可以很容易区分出噪声和包含音调的声音：咆哮和吠叫属于噪声，而嚎叫则包含音调。不仅是狼、鹿和人类，还有很多物种会把嘈杂声理解为攻击或恐惧的声音。而具有音调的声音，比如哼鸣，则被理解为友好的声音。这可能听起来令人惊讶，但它有演化的依据。当你为演出练习唱歌时，你会控制发出的声音。而当你在电影里看到一个小丑突然抓住一个孩子，要把他拉进下水道的时候，你可能会发出尖叫。那种由突然喷出的气流产生的声音是非自愿的、不受控的。正因如此，控制的缺失使其成为噪声，而不是具有音调的歌声。噪声是对恐惧的自然反应，在人类、狼和羊中皆是如此。

不过，我们与自家狗狗的亲密关系让我们对狼的交流有了更深层次的理解。多年前，我在加利福尼亚州卢塞恩狼山的狼救助中心遇到了一只名为"伊斯塔斯·佩朱塔"（这个名字在美洲原住民拉科塔语中意为"药用之眼"）的巨型苔原狼，当时我们的距离不足一米。在它打量了我好一会儿后，我可以看出它肢体语言的变化，从不确定到放松，最终它接受了我。我们碰了碰鼻子，这是一种很特别的体验。这就是一个跨物种交流的典型例子。伊斯塔斯会接近我吗，还是会逃跑，甚至可能是攻击？因为我不知道它的意图，所以我们之间默默的交流十分重要。即便作为一个人，我也知道不能在它准备好之前与它强行互动。在观察狗和狼时，我们确实很容易捕捉到这类线索。对于同一狼群的成员来说，密切关注每一个交流线索并理解对方想表达的意图是至关重要的。

嚎叫是什么？

尽管这些近距离交流的信号复杂又重要，但嚎叫似乎还有一些不同之处。首先，嚎叫的声音很大，明显是为了在很远的地方也能被听到。这对狼来说十分重要，因为发出嚎叫的狼和听到嚎叫的狼很有可能看不到彼此。这种嚎叫的互动与两个个体之间的咆哮和哼鸣非常不同。嚎叫的沟通目标通常不是一个特定的个体。当你在动物园听到狼嚎叫时，它们会表现出惊人的变化，这与它们的正常互动形成了鲜明的对比。一头狼暂停关注其他狼，仰头向着"外面"嚎叫。第二头狼在看到它的同伴不再与它互动转而开始嚎叫时，也停下正在做的事情开始嚎叫。其次，嚎叫还有一个特征，那就是这种声音足够简单：嚎叫是有音调的，而且只有一个音，一个音高上下变化的单一音符。这便是狼嚎叫的关键。狼将所有能量集中在这一个音上，这意味着它们已经演化出了这种专门用于远程通信的叫声。就像激光束将光集中成一束细如铅笔的光线一样，嚎叫将其能量集中在一个频率上，从而使得这种能量在数千米之外仍能被听到。不同于狼在近距离呼叫的呻吟、吠叫和咆哮，嚎叫适合长距离传播，就算相隔很远也仍然具有可分辨的特征。

人类的语言更像是狼的近距离叫声。我们的词汇相当"嘈杂"，既不像长笛声的纯音，也不是钢琴声那样的纯音组合。我们说话时确实会使用以元音为主的音调，但我们会把音调与由舌头、鼻腔和嘴唇发出的多种辅助声音组合使用。我们的词汇极其多样且充满变化，这些变化很微妙。我们可以发出很多不同的声音，也能够很容易地识别彼此的身份。而你之所以能够区分出"妈妈"和"上司"，正是利用了声音中的差异。然而，不管是其中的词义还是个体的身份信息，这些声音线索在远距离传播中大多都会散失。你也许能够听到有人在山谷的另一边对你大喊，但你既不知道他们在说什么，也不知道他们是谁。相比之下，如果你用带有音调的声音，例如在山谷里用约德尔唱法高歌一曲，你的信息就很容易被辨认出来。歌曲音调简单、能量集中，这意味着它们能可靠地远距离传播。你可能分不出歌唱的人是谁，但这并不重要，音调的升高与降低才是关键，而这也正是狼嚎叫时的表现。在嚎叫中，狼摒弃了它们在哼鸣和咆哮时所包含的丰富信息，虽然细致，但只能包含有限的信息：也许是"我在这"，或是"救救我"。嚎叫声可以在十千米外甚至更远的地方被听到，而哼鸣和咆哮可能在几十米外就听不到了。你需要权衡信息的内容（你想说多少）和远距离传播信息的准确度（信息传递的可靠性），而狼更喜欢它们的嚎叫声被听到，即使它们并不能通过嚎叫传达太多内容。

即使嚎叫比近距离沟通包含的信息少，但我们仍需要这种能够在远距离传递信息的沟通方式，就像唱歌也有不同曲调一样。纯音可以产生变化，音调可以变高或变低，这种变化就承载了信息：有充满了戏剧性的下降音调，如贝多芬《第五交响曲》的开头；也有欢快的上升音调，如莫扎特的《魔笛》序曲。与此相似，狼的嚎叫也可以在音调上发生变化，而这些变化所包含的信息也可以远距离传播。

几乎每个孩子都会在年少时的游戏中模仿狼嚎。不管是孩子还是成年人，他们模仿狼嚎通常是这样的：先发出一个短促的低音，然后突然升到高音，接下来音调缓慢降低，就像下面的频谱图一样。你可以试试看。

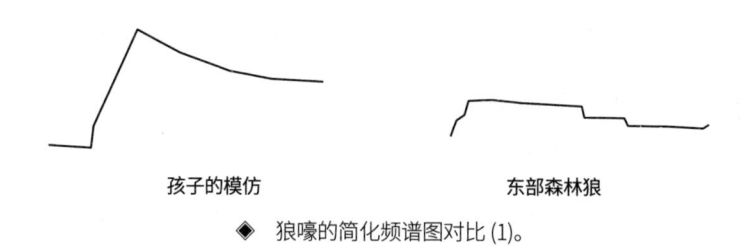

孩子的模仿　　　东部森林狼

◆　狼嚎的简化频谱图对比 (1)。

如果你想让自己模仿的狼嚎听起来更逼真，那么你需要注意的是：人类通常会夸大狼嚎音调的上升。试试更细致的"a-woo-ooo"吧，这会使你的狼嚎听起来更真实。尽管狼的嚎叫实际上并不像孩子们模仿的那样，但这并不重要，重要的是狼嚎给我们留下的典型印象：一个音先上升，然后逐渐下降。这就是狼嚎的特征，所以即使一个八岁孩子的嚎叫不够逼真，不会让任何真正的犬科动物相信，但我们仍然抓住了这种声音的本质。嚎叫就像长笛协奏曲一样，主要由音调的高低变化和这些变化的时长来决定。音调和节奏的变化在远距离传播方面更容易被察觉，而声音其他方面的所有特征都会被削弱与丢失。

音调的变化即频率调制 FM，或称调频，是不同类型远距离通信的首选方法。音量的变化即幅度调制 AM，或称调幅，太不可靠了。风、雨，甚至声音传播路径上的树木，都可以改变音量，干扰调幅信号携带的信息。因此，嚎叫在音调上的高低变化就不足为奇了，因为这是远距离可靠传输信息的唯一方式。那些用于短距离交流的少数嚎叫并无这些限制。比如，当两头狼对峙时，它们发出的嚎叫声会更"嘈杂"，包含更多调幅信息。如果你绕过一棵树，发现自己刚好和一头陌生的狼面对面，你最好确保自己发出的信号足够清晰能够被它理解，并且你也能清楚地理解对方发出的信号。这样，你发出的调幅信息可以清晰、完整地传到对面，而如果将距离扩大到五千米，这些信息将不可避免地会丢失。也有人提出，音量的变化可能会改变近距离嚎叫的意义，或改变嚎叫强调的重点。正如一个句子的语义会随着强调不同的词汇而有所改变一样，也许强调上升音调的嚎叫与强调下降音调的嚎叫也具有不同的含义。至少我们可以认为，狼可能会有意识地利用这种强调来更有效地传达信息或情感。

嚎叫的本质是音调的变化，我们可以利用这一点学狼嚎。我可能无法像真正的狼那样嚎叫，但在几千米外，狼也听不出真假。它们听到的只是音调高低的变化，如果符合狼嚎的规律，那狼就可能认为是真的，并做出相应的回应。因此，狼嚎调查成为动物学家评估狼群数量和位置的一种常用方法。在美国威斯康星州的一个偏远地区，我站在黑暗和寂静中，手里拿着夜光指南针。几分钟后，迅速冷却的汽车引擎发出的噪声消失了，我的同事安杰拉·达索（Angela Dassow）开始大声模仿狼嚎。几秒钟后，回应声来了。我赶紧用指南针查看方位，评估狼群的位置。全世界都用类似的调查方法评估狼群数量。看来，正如搞笑卡通片中的角色无法抵抗滑稽段子的诱惑一样，狼也会忍不住回应人类模仿的嚎叫。之后，我们检查了放置在附近的自动录音设备上的嚎叫声（见下方频谱图）。除了安杰拉的嚎叫更有规律外，几乎无法将她的嚎叫声与真正的狼嚎区分。看来，人类比其他动物更容易预测。

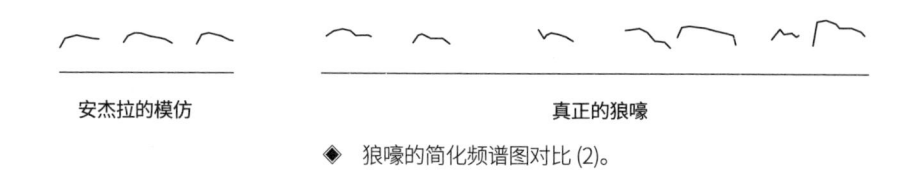

安杰拉的模仿　　　　　　　　　　真正的狼嚎

◆ 狼嚎的简化频谱图对比 (2)。

狼在野外的许多近亲也会嚎叫，但它们并不一定有远距离通信的需求。例如，郊狼生活的群体比狼小，它们会狩猎较小的猎物，因此在寻找猎物时涉及的范围也较小，不需要让自己的叫声传播十千米之远。郊狼和它们的近亲亚洲胡狼都会嚎叫，但二者的声音与狼的声音截然不同。虽然郊狼的嚎叫声通常音调更高，与狼的嚎叫声非常相似，但郊狼经常先嚎叫，随后发出夸张的杂音，包括尖叫、长嚎、交叠的嚎叫和吠叫。一旦郊狼开始嚎叫，森林的宁静就会被一片混乱复杂的声音打破，让人无法分辨出是谁发出了什么声音。目前，公认但未被证实的观点认为，这样的混乱"合唱"旨在迷惑敌人、掩盖在场个体的数量，使其听起来好像它们的群体（通常只有三到四头郊狼）似乎是由十几二十头咆哮、好斗的成员组成。这一现象被称为"良好姿态效应"，源自20世纪20年代一部冒险小说中的英雄。主角将死去士兵的尸体排列在堡垒的城墙上，使守军的数量看起来比实际多。和大多数未经证实的动物行为理论一样，这可能是一个充满想象力的解释，在我们验证这些观点之前，它们仍然只是假设。然而能确定的是，一旦郊狼开始混乱合唱，你几乎不可能判断它们的数量。

在欧洲人到北美洲之前，红狼在美国东部地区很常见。但如今，它们几乎在野外绝迹。红狼的体型比灰狼小，比郊狼大，其生态位处于两者之间。红狼的嚎叫声更像灰狼，没有郊狼的杂音。但它们的嚎叫声仍然比灰狼更有规律，也更多变。这究竟是因为它们和郊狼有更高的遗传相似性，还是因为它们所占据的生态位更接近，我们不得而知。

如果想要验证"狼之所以用这样的方式嚎叫，是因为这种方式适用于远程沟通"的假说，方法之一就是看看其他具有类似限制条件但所处生态位不相关的物种的演化情况。令人难以置信的是，使用纯音及音调缓慢变化这两个特性，在你能想象到的与狼关系最远的哺乳动物——海豚当中，也有所体现。海豚的哨声展现出与狼嚎几乎相同的属性。不过，海豚哨鸣的音高大约是狼嚎的20倍，高到有时人类很难听见，，哨鸣持续的时间大约是狼嚎的1/20。但如果你慢放海豚的哨声，它听起来确实非常像狼嚎。海豚生活在能见度只有几米的水下环境中，由于声音在水中传播较慢、易丢失信息，100米外的水下动物对于海豚来说仿佛位于3000米之外。无论是在水下环境，还是在狼栖息的雪地森林环境中，音调或高或低的纯音似乎是传递信息最可靠的载体。我们将在下一章讨论这种显著的相似性。

嚎叫及其含义

狼的嚎叫究竟有着怎样的含义？这是一个非常难以回答的问题，因为我们并不清楚我们所说的"含义"的概念是否适用于动物之间的交流。我们习惯于某个词有特定的含义，并且在大多数情况下，这个含义很少随语境的变化而改变。

但将这个概念应用在动物身上时，我们需要更加谨慎。但这并不是说动物发出的信号没有明确的含义，经验丰富的狼群观察者记录了大量这样的案例：一头狼呼唤其他同伴时，立即得到了适当的回应。如果沟通不能引起动物行为的改变，那么它就是无效的。里克·麦金太尔（Rick Mcintyre）的《21号狼的统治》中描述了一个案例：一群狼突然遭到了对手的攻击，群体中的雌性头狼从战斗中抽身并发出嚎叫，很快得到了数千米外狼群其他成员的支援。[4] 很明显，援军理解了嚎叫中的信息，并赶到战斗现场，所以沟通起了作用。但这并不等于这种特定的嚎叫就是"请求支援"的意思。如果要用具体含义解释狼嚎或任何形式的动物交流，或者使用笼统的描述来说明某种传达了有用信息的行为，我们必须谨慎才行。即便如此，人们普遍认为狼的嚎叫确实具有至少三种不同的意义，或者更准确地说，嚎叫至少承担了以下三种不同的角色：标记领地、联系族群成员，以及满足对嚎叫的爱好。

首先，因为狼会小心翼翼地捍卫它们的资源，不欢迎觊觎它们食物的猎手，所以狼嚎叫是为了宣示它们的领地主权，也就是向其他狼群发出信息，告诉它们远离这里。狮子和老虎也会通过咆哮来宣示它们的领地，这是一种可以理解的常见行为。当然，如果你的领地范围有数百平方千米，那么你的警告信号必须传播得足够远才行。鸟类也会宣示自己的领地，但由于它们的领地范围通常只有几十平方米，因此它们的警告叫声更小，穿透力也较弱。

人们对于狼这种复杂而神秘的动物何时、何地、以何种方式嚎叫来标示自己的领地还不甚了解。不同狼群之间的冲突是野生狼受伤和死亡的主要原因，至少在美国黄石国家公园是这样的。同时我们也不能忽略，狼是世界上分布范围最广的陆地捕食者，在喜马拉雅山脉、阿拉伯沙漠和北极的群岛等不同地区的狼群守护领地的行为可能完全不同。狼群的领地有可能重叠，这些边界区域正是大多数冲突发生的地方，也是大多数狼的埋骨地。鹿和其他被狼作为猎物的动物在狼领地边界区域的生存状况也会更好。在这一带狼会非常谨慎地避免接近竞争对手的领地。因此，狼不会在其领地边界嚎叫，一般在自己领地的中心向远处嚎叫，这样显然更安全。这也是嚎叫必须在数平方千米的范围内都能有效听到的另一个原因。

其次，狼可能也会通过嚎叫来与群体中的其他成员保持联系。狼生活在如此广阔的领地上，狼群中的个体经常四处游荡，为了狩猎或照顾幼崽，要想聚在一起并不容易。有时，个体为了寻找猎物、巡逻领地，或仅仅因为它们想要散步而四处游荡，人类无法客观地了解它们脑海里在想什么。但如果每个个体都自顾自地晃悠，那么整个狼群很快就会分散，每头狼之间可能相距数十千米。母狼也经常将幼崽从一个巢穴转移到另一个巢穴，其中原因我们不得而知。但想象一下，你在狩猎驼鹿回来后，发现伴侣和孩子已经狼去巢空，不管是不是它们的自发行为，这头狼肯定要呼唤它们，找到它们，因此嚎叫常被个体用于彼此定位。而周期性的嚎叫能使每个个体大概掌握其他成员的位置，或是有目的地寻找狼群中的失踪成员。因此，这种呼唤必须在整个领地范围内都能被听到、被识别。

最后，狼仅仅是出于喜欢而嚎叫。为了生存和繁衍，狼常常会嚎叫以宣示领地或呼唤分散的狼群成员，这使得嚎叫成为狼的一种习惯，也成了它们社会结构的一部分。如果嚎叫代表警示领地遭到入侵的威胁或呼唤分散的狼群成员，那么狼在一起时嚎叫就不奇怪了：既可以确认附近没有领地威胁，也可以确保没有成员失踪。这种解决生存问题的方法已经成为维持族群凝聚力的工具，这在人类社会中也很常见。人类祖先唱歌、跳舞的目的可能是为了聚在一起讲故事或传授狩猎技巧，但现在已经变成拉近族群内成员关系的途径，即使不同年代的成员不完全认同彼此的音乐品位。在圈养的情况下，狼喜欢嚎叫这件事十分明显。无论它们休息、进食还是巡视围栏，只要有一头狼开始嚎叫，其他狼就会加入。几年前，我在英格兰南部的英国狼自然保护基金组织观察了三只北极狼，玛萨克、西可和普卡克。这三头强壮、雪白但满身泥泞、令人印象深刻的狼在宽阔的围栏里来回踱步。体型最大的玛萨克爬上一个小土堆开始了深沉、浑厚的嚎叫。地位最低的普卡克立即把头仰起，也开始嚎叫。唯一的雌狼西可回头看了普卡克一眼，显出不想错过的样子，然后也开始嚎叫。此时，玛萨克换了一口气又开始嚎叫。它们的肢体语言似乎印证了它们对这种喧闹的社交互动充满热情。在这一点上，家犬也一样。你可能会把它称为本能反应，但这似乎和它们想嚎叫并没有什么区别。大合唱式的嚎叫可以用来宣扬领地，可以是表明位置的孤独嘶喊，也可以是一首快乐之歌。

◆ 英国狼自然保护基金组织的北极狼西可。

嚎叫扮演的这三个角色是否意味着它有三种不同的含义？一种嚎叫表示"走开"，一种嚎叫表示"过来"，还有一种表示"来唱歌吧"？在我看来，无论"意义"这个概念对于人类来说有多么明确，但尝试将它强加给没有实际语言的动物，似乎注定要失败。我们之所以能理解"意义"，是因为我们有语言。词汇有意义，句子有意义，但语言是非常特殊的。我们能够传达如此丰富的信息，这种能力深深植根于明确的意义概念之中。如果你没有语言，甚至不知道语言的概念，那么你可能对明确的意义也没有清晰的概念。也就是说，当我们的交流不是基于结构化的人类语言时，就不能明确地理解别人想说的意思了。一首流行歌曲的意义是单一的吗？也许不是。一首歌可能唤起某种情绪，甚至可能有个一致的情感主题，但是如果说披头士乐队的《艾琳·卢比》这首歌的字面意义是"孤独"，这就有些牵强了。同样，嚎叫似乎能够传达想法，甚至可能是复杂的想法，却无须承载我们受到语言影响的大脑所需要的、清晰明确的含义。我们认为某种狼嚎声听起来有种孤独的感觉，这不意味着狼也将其理解为孤独的嚎叫。然而，人类无须借助语言就能从声音中感知一般情绪，这意味着其他动物也可能做到这一点。对于日常生活在一起并经常发声的动物来说，理解彼此在发声中的情绪听起来并非是不现实的。

情绪似乎是不同类型的信号间存在密切关联的一个因素。老鼠、旱獭、狗、猫、鹿和兔子的恐惧尖叫声有一些共同的声学特性：它们确实令人害怕。[5]如果你曾安抚过宠物小兔或小猫，你就会注意到低声细语对它们有效，就像对小孩子一样。我们有大量词汇来描述不同的情绪状态，皆因我们的大脑或许比其他动物能区分出更多独特状态，更重要的是，我们可以谈论和描述它们，所以人类语言中拥有这么多描述性词汇也就并不奇怪了。讨论动物的不同情绪有些困难，但并非不可能。动物的情绪似乎依赖于至少两个不同的因素：它们有多害怕，以及它们有多激动。因此，动物行为研究人员通常会采用一种简单且流行的情绪分类方式——罗素的环状模型（见下图）。纵轴表示动物对某个事物的积极程度的变化，从像它对食物那样积极，到比如对石头的中性态度，再到像对捕食者那样的消极情绪；横轴表示动物的感受变化，从积极或消极的激动，到完全漠不关心。两条轴是独立的，动物可能表现出两种因素的任意组合：从兴奋地快乐到漠不关心地悲伤，以及之间的所有情绪。

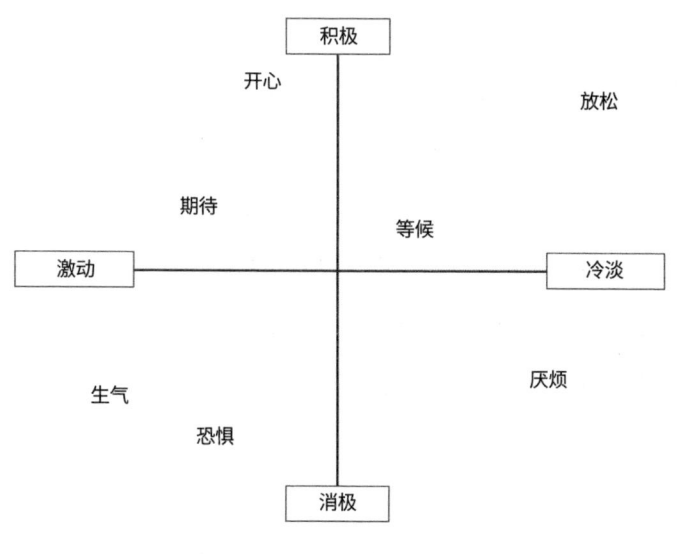

◆ 罗素的情绪分类环状模型。

这个模型之所以成为描述动物情绪的流行方法，是因为它只分析了那些我们确定的、大多数各类型动物共有的简单情绪。它的另一大优势是，准确概括了一个事实：动物（也包括人）的情绪实际上是无尽、连续的不同情绪的组合体。我们有不同的词汇来表达不同的情绪，但动物没有，动物可能通过连续的声音来表达情绪。这种理解有助于我们不再给动物的声音赋予固定含义：打招呼的嚎叫不一定意味着"你好"，它可能只是比另一个嚎叫更像打招呼罢了；"走开"的嚎叫并不是字面意义上的"走开"，但它可能包含消极且激动的含义，另一头狼会适当地理解它。实际上，磁共振成像显示，狗和人类在听到这些情绪线索时都会做出类似的反应。这种通过相似的声音解释类似情绪的能力，源自我们与其他动物之间存在的非常深远的演化联系。

实际上，研究发现，动物极少通过声音表达具体明确的想法，大多数动物只是通过声音表达它们的某种情感倾向。我和我的同事目前正在进行一个罕见、不同寻常的项目：揭示狼嚎的明确含义。我们对此充满希望，因为我们基本确信狼在至少三种情境中会嚎叫：维护领地、保持联系，以及仅仅为了找点儿乐子。但这也是一个挑战，因为大多时候我们并不知道狼嚎叫时实际上在干什么。它们离我们太远了，隐藏在树丛中或夜色里，我们根本看不见它们。但通过一些技术手段，我们可以定位出嚎叫者的大概位置，并推断它们的状态。我们分析了黄石国家公园的狼的嚎叫，发现了一些有趣的结果。

单独嚎叫　　　　凝聚嚎叫　　　　合叫

◆ 不同种类狼嚎的简化频谱图。

狼似乎确实会在不同的情境中发出不同类型的嚎叫。例如，狼在合叫中发出平稳、简单的嚎叫，而当一头狼与其他狼分开时，则发出音高变化更大的嚎叫。但这是否只是它们情绪状态的反映呢？是一头孤狼无法控制它们的音高？抑或是嚎叫的狼打算发送的信息，并且倾听的狼实际上能够理解？威斯康星州的狼听得懂黄石国家公园的狼的嚎叫并恰当地回应吗？或者，这些嚎叫声中的差异只是巧合，与信号的意义无关？在理解动物交流方面我们仍然有很长的路要走。

狼的方言

11月一个冷冽的清晨，在意大利北部，我们五个人坐在一棵小橡树下凝视着深深的峡谷，等待狼群的出现。用双筒望远镜扫过巨石和灌木，我们终于看到了狼群的活动：一些小狼崽在嬉戏玩耍，互相追逐，探索它们的周围环境，成年狼则在雾气散去时享受着清晨的阳光。最近的农舍离这群狼仅有400米。不过，邻近的农户都不知道这群狼就生活在他们附近，如果发现了，他们无疑会大为光火。由于羊群被忠诚且天生警觉的马雷马牧羊犬保护着，狼群就只能捕猎鹿和兔子这样的野生猎物，远不如它们的美洲亲戚狩猎野牛那样令人激烈刺激。它们并不打扰农民的生活，因此也就不会被发现。

但到了晚上，听着远处交通的轰鸣声，我和同事马丁娜·拉扎罗尼（Martina Lazzaroni）和马丁娜·鲁西格南（Martina Russignan）在一起。远处传来一台收音机播放的音乐，夹杂着偶尔响起的农场犬吠。忽然，一些牧羊犬开始狂吠，然后嚎叫，邻近农场的狗也跟着嚎叫。后来，我们听见了另一个嚎叫声，可能是作为对牧羊犬交响曲的回应，两位同事和我相视一笑：这个新的声音显然属于狼，但听起来和狗的嚎叫如此相似！不熟悉狼嚎的人根本无法区分。面对农民对野生捕食者的愤怒和抵触，狼有一个绝妙的求生方法来帮助它们不被最致命的敌人发现，它们像狗一样嚎叫。在那些夜晚的录音中想区分狼和马雷马牧羊犬并不容易。

通常情况下，狼的嚎叫非常有特点。通过分辨狼的嚎叫，不仅能够将狼与它们的近亲郊狼、胡狼和家犬区分开来，而且能反映出正在嚎叫的狼的种类。欧洲狼的嚎叫声长且音调低，单调且平缓；美国森林狼通常先发出音调有升降的嚎叫声，之后是平缓的嚎叫声；北极狼也一样，但在音调上升时会更高。几年前，我的一位同事霍利·鲁特-格特里奇（Holly Root-Gutteridge）讲述了她看了的一部以欧洲特兰西瓦尼亚为背景的恐怖电影，影片中的狼嚎显然来自北美狼，这让她非常失望。这件事之后，我们开始收集世界各地的狼嚎，有数百条之多，并发现不同国家的狼嚎有一致的模式。这就是科学研究的开始。

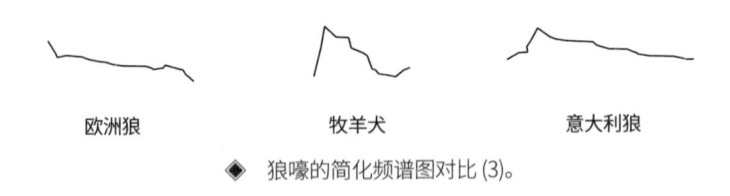

欧洲狼　　　　牧羊犬　　　　意大利狼

◆ 狼嚎的简化频谱图对比 (3)。

与斯堪的纳维亚或俄罗斯的欧洲狼相比，意大利狼的嚎叫听起来更像狗的嚎叫。狗的嚎叫方式最为奇特：多变且不可预测。意大利狼则会跟随狗的引导，这是因为它们知道需要向人类掩饰自己的存在吗？或者它们只是在模仿周围听到的嚎叫声？北美狼比意大利狼体型要大得多，它们的体重约40千克，而它们的欧洲表亲体重约30千克。因此，北美狼自然以更低的音调嚎叫，就像大号与短笛产生的音调完全不同。那么，它们的音调模式是怎样的呢？为什么某个国家的狼坚持单一音调，而其他国家的狼却会升降音调呢？这里有三种可能的解释。

第一，不同种群的狼在基因上可能真的有很大差异，因此它们大脑中负责嚎叫功能的构造也不同：北极狼的大脑使其更倾向于引吭高歌，而欧洲狼的嚎叫则更低沉、雄厚。但是，用基因来解释复杂行为的方式相当不牢靠。与肌肉和神经等身体物理结构的演化不同，我们没有任何清晰的机制来解释本能是如何遗传的。不过，本能必然可以遗传，至少从基本功能方面来说是这样，如对捕食者的恐惧，或对潜在配偶的吸引等。

第二，狼可能是从它们的父母和群体伙伴那里学会如何嚎叫的。正如人类语言的方言和口音由不同人群逐渐分化形成，狼的嚎叫也有方言。北美洲阿巴拉契亚山民们的口音听起来就与他们的苏格兰农民祖先不同。新的语言怪癖会随机出现，并迅速成为群体共同交流方式的一部分。对于狼来说也是如此：相距很远的狼群最终会发出不同的叫声，仅仅因为幼狼在模仿成年狼。

探索这个问题应该不难：美洲狼经常在动物园里与欧洲狼一起长大，它们长大后会怎样嚎叫呢？如果它们以美洲狼口音嚎叫，那么嚎叫的多样性很可能是基因决定的；如果它们像欧洲狼那样嚎叫，那么很可能是学来的。但到本书出版前为止，还没有人做过这样的实验。

第三，不同类型的狼的嚎叫可能有不同的含义。不同的音调模式，不同程度的上下颤音，可能用于特定的目的。在北方冰天雪地的广阔领地上，让群体成员集合是嚎叫的一个至关重要的作用，因此能从多样化的嚎叫中识别个体就非常关键了。在欧洲较小的领地上和墨西哥沙漠中，宣告你的群体存在即可，所以平缓、简单的嚎叫声就足够了。就像孤独或满足等不同的情绪可能会影响嚎叫声变化的程度一样，嚎叫的作用肯定也会影响其结构。红狼的体型大小和生态位都介于灰狼与郊狼之间，红狼的嚎叫声既像灰狼又像郊狼，这并不是因为灰狼和郊狼之间的基因混杂，而是因为它们的生活方式、对彼此以及与竞争者之间交流的需求，需要两者的混合。我倾向于认为，嚎叫既是学习来的，也是为了适应环境的演化。这是理解动物叫声含义的一个奇妙方式，不是作为人类感知含义的粗糙翻译，而是面对动物需求的直接表达。然而，现实并不符合我们的期望。终有一天我们会揭示真相——它可能是这样或那样，也有可能是我们没有想到的方式。

我们能和狼交谈吗？

  无论你喜欢与否，人类与狼的关系是对抗性的。如果狼吃掉家畜，农民会非常愤怒，但是狼必须这样做才能生存。我很惊讶于那些靠山吃山、靠水吃水的人竟然会对自然的规律有如此强烈的反应。但即使是从未见过狼，甚至从未在夜晚穿越过森林的人仍然害怕狼，这种恐惧深深植根于人类的文化中，但这种恐惧不仅早已过时，而且不利于维持自然生态系统的平衡。一天晚上，当我们在黑暗的森林中放置设备时，不远处传来了狼嚎。我和我的同事安杰拉·达索、贝丝·史密斯听到狼嚎声心情都很愉快。你努力了解的动物就在你身边，为你的研究提供帮助，这种感觉真是太棒了！但同时，我们仍然有些紧张：所有野生动物都有潜在的危险。过去，野猪和犀牛让我拥有了最惊险的逃生经历，而狼也可能对我造成伤害。史密斯带着紧张的微笑转向我们，用她浓厚的英国兰开夏郡口音说道："说实话，我只想活着离开这里。"当然这是个玩笑，她是一位经验丰富的大型肉食动物生物学家，曾经独自一人在芬兰的雪地和罗马尼亚特兰西瓦尼亚的森林中追踪狼群。但其中存在一个事实：自然是不可预测的，它不像我们每天早上通勤到办公室工作的规律生活。在野外，我们更脆弱无助，更容易受到所有生命对进食那不可避免的需求的影响，如果必要的话，它们会吃掉我们。人类在文明中度过的高度受控和可靠的生活，与令人担忧、混乱和反复无常的自然界形成了鲜明的对比，两者之间的反差往往令人恐惧。但也没必要特别害怕狼或它们的世界，恐惧不是建立人狼共存关系的良好基础。我们怎样才能学会既认识到捕食者的需求，比如维护领地、吸引伴侣、寻找食物，同时不放弃自己的需求呢？捕食者对于一个平稳运行的生态系统至关重要。那么，深入理解狼的行为是否可以帮助我们找到合适的平衡点呢？

狼用嚎叫以宣示它们的领地、与群体成员保持联系，以及让自己快乐。狼嚎不是任何形式的语言，但无疑是一种或许人类可以介入和利用的交流方式。如果狼在它们的嚎叫中传达了丰富的情感，那么我们或许可以通过模仿狼嚎传达自己的信息。有的农民尝试过播放狼嚎的录音来阻止狼群接近他们的牲畜，但基本没有成功。如果我们不知道自己在传达什么信息，这显然是行不通的，说不定农民播放的是"这里有大餐"的嚎叫声。但通过揭示嚎叫中的丰富情绪，我们可以用一些稍微聪明点的办法，例如播放会被狼群认为是威慑的嚎叫可能更有效，带来的负面影响也更小。意大利的情况就是如此：那里的狼远离农场，即使不捕食家畜也能生存，并且仍然在生态系统中扮演至关重要的角色，控制猎物种群并平衡自然和人类造成的波动。

这是一个相当惊人的建议，看起来仿佛我在提议与野生动物交谈。当然，我们无法与不理解语言是什么的动物交谈，更不用说让它们理解我们的语言意味着什么了。但是，我们无疑一直都在与动物交谈，尤其是与狼那些特殊的亲戚——狗，我们与狗的交谈比与其他动物都多。狗不是狼，它们从狼的一个古老亲属演化而来，可能更类似于豺狼或郊狼，而不是大平原上那些雄壮、猎捕野牛的狼。但狗及其祖先与现代狼有很多共同之处。狗也是社会性动物，生活在群体中，并与群体中的其他成员形成密切的联系。狗也喜欢进行社交互动，就像狼玩耍和嬉戏那样：成年狼纵容幼崽玩拔河和扑咬的游戏，狗也会与人类一起玩耍、拔河和扑咬。狼通过嚎叫来巩固它们的社会联系，当同伴这样做时，它们就会放下手头的事情来嚎叫。同样，狗知道我们在和它们说话，它们会竖起耳朵，倾斜头部来努力理解我们在说什么。

作为高度社会化的动物，生活在一个充满家庭友谊以及与其他族群激烈冲突的社会中，狼必须相互传达许多信息。在成员亲密无间的群体中，它们会通过一系列我们尚未解码的微妙信号来表达它们的喜怒哀乐、欲望与厌恶。那最令人激动的交流行为——嚎叫呢？我们十分确定嚎叫不是一种语言，它没有词语或句子，也没有我们使用自己的语言时暗含的那种明确的意义。但这对你来说仍然不陌生，因为嚎叫表达了动物的感受：分离的孤独、受到威胁而恐惧，或是处于一个家庭群体中很开心。我们也在做同样的事，也可以使用语调或姿势和手势，传达同样的想法。嚎叫不能详细说明信息，因为它们适用于远距离交流。我们也可以这样做。在短信中恰当地使用"我的天哪"或"这是什么东西"可以告诉接收者他们需要知道的一切，即使我们没有准确地指出明确的含义。

这是一堂丰富的基础课程，它讲述了作为人类的我们是谁，以及我们与其他动物的关系是什么。在拥有语言之前我们就会交流，即使没有语言，我们仍然可以交流。的确，由于我们会说话，大脑已经发生了根本性的变化。除了那些具有具体含义的词和句子，我们甚至难以用其他方式来理解"意义"。但我们仍然可以在没有直接意义的情况下交流，我们仍然可以心不在焉地抚摸狗狗的毛发，与另一个人拉拉手。毫无疑问，这些都是交流，但没有任何特定的意义。就像嚎叫可能暗含侵略性的或社会性的意义一样，我们也可以通过某种方式凝视我们的狗来传达情感。我们与动物的交流联系仍然存在，只不过被我们使用词语和语言的强烈倾向所掩盖。我们仍然有着与动物交谈的潜能，这是与生俱来的，只是不同于我们通常意义上的语言交流。

PART 2
第二章

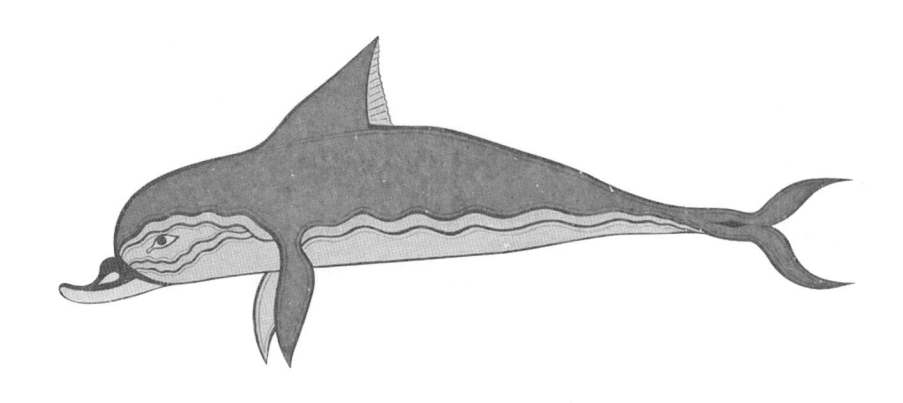

‹ 海豚 ›

　　待在水下也许是大多数人体验身处外太空环境最可能的方式了。水下的我们渺小而无助，必须依靠机器呼吸，只能笨拙地移动。无论是冰天雪地的北极，还是猛兽出没的丛林，都不会让我们觉得像在水下那般脆弱。就我个人而言，我非常痴迷于在水下感受恐慌。海底可有太多的理由让我们恐慌了：毕竟，我们不属于海底世界，如果不借助外力，我们就无法在海底自如移动、呼吸，当然也很难交流。接下来的场景仿佛在反向印证这一点，一个巨大的流线型水生动物轻而易举地从你身侧划过，它扭动、旋转，如我们在街上行走般自如。这个巨大的生物时而上下翻滚，时而侧身而来，用它的大眼睛打量你，眼神中既非饥饿，亦非恐惧，而是好奇。如果它饿了，它可以不费吹灰之力咬你一口；如果它感到害怕，它就会游开，而你对此却无能为力。在水下被海豚包围最能让人深刻感受到这是一个陌生世界，不仅是一个不属于我们的世界，也是一个我们很难理解的世界。

然而，如果你花点儿时间和海豚在水里共处一段时间，你很快就会注意到另一个现象。尽管周围的水压让你感到压抑和窒息，但水中并不是寂静无声的。水生动物会不停地发出声音：咔嗒声、哨声、嗡嗡声，这些声音不停地变化着。这是一种人类几乎无法想象的个体间交流方式。因为我们的耳朵不适合在水中探测声音的方向，所以很难分辨出哪个动物发出了哪种声音。而且它们发声时并不会张开嘴巴，而是从喷水孔深处发出声音，这就更难判断了。尽管如此，你还是可以轻而易举地看出它们之间正在进行着某种交流。

如果你随便问一个人"哪些动物拥有自己的语言"，不管这里的语言指的到底是什么，大多数人都会回答"海豚"。海豚的某些特质让我们认为它们的能力远超其他物种，有时甚至超过人类。有人认为海豚拥有心灵感应的能力，是神秘高维外星智慧的体现，甚至相信它们有一种人类由于闭塞而不得知的复杂语言。对我来说，海豚是迷人的动物，它们完美地适应了环境，善于利用周围的环境，并且具有足够的智慧和交流能力来理解我们对它们的请求。就这一点而言，海豚已经非常值得研究了。说实话，比起它们是某个强大的星际文明派来地球的代表这种虚无缥缈的推测，还是这些原因更吸引我研究海豚。在所有关于海豚能力的赞美之词中，只有一段话吸引了我，那就是道格拉斯·亚当斯在《银河系漫游指南》中所写的：

> 人类一直认为自己比海豚聪明，因为他们取得了很多成就：发明了车轮，建设了城市……而海豚所做的无非是在水中愉快地嬉戏。海豚出于同样的原因认为自己比人类更聪明。

◆ 一群飞旋原海豚在九秒内的哨声频谱图,其中显示了不同个体重叠的哨声。

海豚似乎很喜欢玩耍,海龟、小猫等几乎所有动物都喜欢玩耍。科学家认为玩耍是动物行为中的一个重要组成部分[1]。然而,海豚似乎更贪玩一些,与其他大多数动物形成了鲜明的对比。想想斑马这样的食草动物,它们吃的是营养相对不丰富的草,所以必须花费大量时间进食以确保获得足够的营养。所以,尽管斑马有时也会在草原上嬉戏玩耍,但它们并不会把大部分时间花在玩耍上。又比如狮子,它们得在短时间内耗费巨大的能量来追逐猎物,不管捉没捉到猎物,它们都会放松休息一下;幼崽们玩耍的时候,成年狮子也会和它们一起玩。不过,和斑马一样,狮子也只有一小部分时间玩耍。我们在上一章介绍到,狼会花很多时间闲逛,这其中就包括玩耍,但其实主要还是休息。

不过,海豚就不一样了。野生海豚只会用很少的时间做"有用"的事,比如觅食或休息。尽管大多数人只见过海豚群掠过海面,但只要你潜入水下,完全不同的画面便会展现在你面前。海豚会好奇地探索一切,尤其是你这个人。它们对自己所处的环境极其感兴趣,有时甚至会利用其他工具以探索更多信息,尽管这种兴趣与探索不一定有什么直接目的。了解一个背着氧气罐吹泡泡的奇怪生物是否危险固然是件好事,但海豚花费大量时间去探索的行为清楚地表明它们智力超群。它们肯定有能力利用这些信息,否则何必花那么多时间去收集呢?海豚也经常玩耍。它们相互追逐着抢海藻、吹泡泡，也会用呼吸孔喷出类似烟圈的形状，然后用吻部戳进这个圈圈中[2]。

没错，海豚非常聪明。但它们为何这么聪明呢？在我们试图理解动物交流的旅程中，这个问题会将我们引向何方？它们真的是某些人所断言的最高超的动物交流者吗？海豚是否拥有自己的语言，如果有，我们能否知道呢？也许探究海豚交流的问题，最好的方式应该和我们探究狼、鹦鹉，甚至人类等其他物种时一样。我们想知道海豚为什么那样交流，这种交流起着怎样的作用以及如何塑造了海豚的社会关系。只有这样，我们才能真正理解这些吸引人的动物交流者之间发生了什么。

海豚发出的声音

声音可以在水下有效传播，因此声音是海豚交流的主要媒介。除非在最清澈的水域，否则你很难看到十米开外的东西，因此视觉交流是受限的。海豚的确有一双大眼睛，如果眼睛不大，它们就什么都看不见了。科学家发现海豚还会利用化学信号，它们可以在水中"闻到"彼此的尿液的味道。不过，声音才是至关重要的。声音传播速度快，失真小，容易发出也容易被接收。像蝙蝠在黑暗中飞行一样，海豚也利用声波辨别方向，它们会发出响亮的咔嗒声，然后通过接收回声声波得知前方是否有物体，如果前方有物体，它们还可以通过声波得知其形状和材质。因此，基于所有水下生活和游弋受到的种种限制，海豚演化出了精巧的技能，既能发出复杂的声音，又能对听到的声音进行解析。

海豚会不断地发出咔嗒声来进行回声定位。在水下，当海豚只是无目的地游来游去时，它们发出咔嗒声的频率相对较低，但当水中出现障碍物或需要更仔细地查看的物体时，咔嗒声就会变得更快更急。有时候，咔嗒声会变得非常迅速而猛烈，以至于听起来更接近于嗡嗡声，这种声音被称为"爆裂脉冲"，除了用于回声定位，它们很有可能还发挥着交流的作用。嗡嗡声的规律、咔嗒声的频率，甚至人类无法察觉的、咔嗒声本身的微小差异，都可以携带传达给其他同类的重要信息。

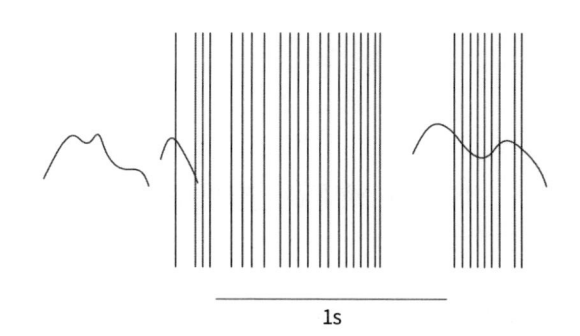

1s

◆ 图谱显示的快速咔嗒声（垂直线）被称为爆裂脉冲，以不同的速率出现。在这种情况下，还有一些哨声重叠其中。海豚的两个"鼻孔"可以同时独立发出两种声音，这在哺乳动物中是很少见的。

不过说实话，我们其实对它们想要传达的信息所知甚少。研究野生环境中的海豚极其困难。就像你无法跟踪不想被跟踪的狼群一样，在研究过程中如果海豚不想理会你，你根本无能为力。因此，研究野生海豚的交流方式仍是一条漫漫长路。但是海豚有一些特别之处，使它们与狼、黑猩猩，或几乎任何其他动物都大不相同。我前面提到的这种玩耍天性意味着海豚有时候会与你合作。无论在野生环境还是圈养环境，你都有可能说服海豚参与你的研究或回答问题。

几十年来，科学家利用海豚这种基于玩耍天性的合作倾向来探索其声音的含义。但这些年来，对海豚交流的大部分研究都集中于一种声音：哨声。这并不是说海豚发出的其他声音，尤其是爆裂脉冲，不在复杂的交流中发挥作用，我相信这些声音也有作用。但我将集中讨论哨声，就像上一章那样集中讨论了狼的嚎叫，而没讨论它们的咆哮声和呜咽声。因为海豚的哨声充分说明了这些动物已经演化出一种适合它们需求的交流系统，这有助于我们更清楚地了解它们的需求到底是什么。

哨声：海豚交流的核心

海豚的哨声恰如其名，是一种波动形式极为复杂的高音调，其种类多样令科学家深深着迷。他们耗费大量时间和精力来回答两个问题：这些哨声为何千变万化？它们传达了什么含义？

海豚几乎无时无刻都在发出哨声。尽管它们的哨声没有回声定位的咔嗒声那样频繁，毕竟它们需要咔嗒声辨别方向，但哨声也总是持续不断。正如我前面提到的，海豚不像我们用嘴吹口哨一样发出哨声，这很好理解，毕竟它们也不像我们一样用嘴呼吸。海豚的所有声音都是通过呼吸孔发出的。海豚的哨声与人类口哨声的另一个区别是，海豚可以循环利用它们用于发声的空气，因此你不一定会看到发声海豚的呼吸孔中出现气泡。当你四处张望，想要弄清楚是哪只海豚在发出哨声时，结果可能会令你失望，但考虑到它们必须在水下屏住呼吸，这一点也就说得通了。

海豚的哨声与狼嚎有诸多相似之处。如果放慢速度，它们其实听起来非常像，区别仅在于音调的高低和持续时间的长短。这两种信号甚至在频谱图上看起来也差不多，这绝非巧合。虽然声音在水中的传播效果很好，但海洋环境非常嘈杂，存在大量干扰。而这种嘈杂主要因为声音在水中传播的良好效果——不同来源的声音会相互干扰。海豚并非唯一利用声音进行交流的海洋动物，各种虾类也会不断发出强烈的咔嗒声，形成一种能够掩盖其他声响的持续性背景噪声。再加上海浪和无数其他生物的声音，你会发现，在水下的海豚传递信息比黄石国家公园山谷中的狼更难。如果要传达比定位更复杂的信息，考虑到信息在传输途中有各种干扰，所以你的信号就必须足够清晰以便被接收方准确无误地理解你的原始信息。就像狼嚎一样，做到这一点的方法是使用一个变化音高的单一音符。将声音的能量集中到单一频率上，通过该频率的变化来表示不同类型的信息，这就是哨声的作用。

因此，除了发出简单的哨声外，如果海豚想传递复杂的信息，它们必须对哨声的音高有非常精准的控制。毕竟，上下变化的音高是声音接收方识别发声者哨声的唯一特征。事实上，海豚确实可以精准控制它们的哨声，因此它们的曲库非常丰富：它们可以发出各种各样的哨声，而且能轻而易举地复制其他海豚甚至人类发出的哨声。它们还能一遍又一遍地重复某些种类的复杂哨声，每次听起来几乎都一样。

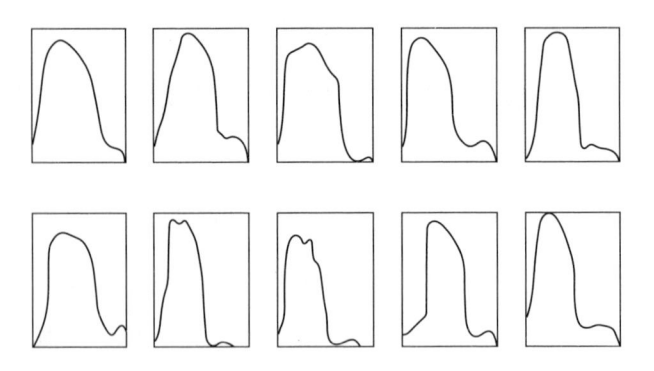

◆ 由同一头海豚发出的十种相似但不同的哨声简化频谱图。

其实，也并非每次都完全相同。不难发现，上图中显示的同一头海豚的不同哨声略有差异。根据这些微妙的差异，我们发现研究动物交流时遇到的一个重大问题，这个问题不仅适用于海豚，还适用于其他物种：当动物发出明显不同、清晰可辨的声音时，还比较容易区分，比如任何人都能区分出哨声和咔嗒声的差异；但更常见的情况是，不同类型的声音相互融合，它们是逐级变化而非独立离散的，该如何区分它们呢？一只猫欢快的喵喵声是何时变成生气的喵喵声的呢？你也许分辨得出你的猫高兴地蜷缩在你腿上和生气地要求喂食之间的区别。辨认这些极端情况固然容易，但在这些极端情况之间，逐渐从"高兴"的声音变成"生气"的声音时并不存在明确的界线。这种逐级变化的叫声给解读动物交流带来了难题，因为我们目前还不清楚动物是如何在两种意思间划出界线的（如果它们这么做的话）。

因此，海豚哨声几乎可以说是千变万化的。如果没有两个哨声是完全相同的，而我们又想研究哨声的意义，那么我们怎样才能以一种合理的方式描述哨声的变化呢？我用过一种有趣的方法，将哨声与音乐旋律进行比较：即使我们这些并不擅长音乐的人说不出音符的名称，也不知道乐曲所用的音调，但我们能识别曲调。这是为什么呢？我们能够识别音升高和降低的模式，而海豚好像也有这种能力。早在1975年，一位名叫丹尼斯·帕森斯（Denys Parsons）的人提出了一种基于音调上下变化的分类方法，即帕森斯编码。与音符不同，旋律仅通过从一个音符到下一个音符的变化方向来表示：音升高、降低或保持不变。帕森斯编码大大减少了曲调中的信息量。虽然它无法重现曲调本身，但可以帮助你认出曲调。

◆ 莫扎特的K265（《一闪一闪小星星》的变奏），图中是帕森斯编码，用"上"（U）、"下"（D）和"相同"（S）表示。

人类可以通过帕森斯编码识别出一支曲调，但令人惊奇的是，海豚似乎能够意识到两个略有不同但具有相同帕森斯编码的哨声其实是同一个哨声[3]。这就非常清楚地表明，当海豚听到哨声时，它们所做的事情与我们类似：听取音的升高或降低，并利用这一点来解读其含义。

给自己起名字的动物

那么，海豚的哨声实际上是用来做什么的？也许有诸多含义，甚至有可能意义之间界线模糊，难以区分，正如哨声之间的差异一样，逐级变化却又没有明显的分界线。但毫无疑问的是，这些哨声肯定代表着某种含义。

至少我们了解海豚哨声中的一个含义：每只海豚都会发出一种特定的哨声，这个哨声代表它的名字。

这一点非常了不起。目前除了人类和海豚，世界上没有其他物种会给自己取名并作为日常交流的一部分。没错，你可以教你的狗记住它的名字，很多动物可以通过声音来识别个体，但是这和人类与海豚这样的生物有着根本性的不同，因为二者不仅可以创造出独特的声音序列来指代自己，而且其他同类还可以识别和使用。你可能会感到困惑，但我们无法确定这些海豚是否真正理解自己是与其他海豚不同的个体，并且能够意识到其他海豚也是独立的个体呢？

这些像名字一样、被称为"标志哨声"的声音已经被研究了数十年。尽管研究人员早就推测这些哨声可能代表名字，但科学界花了很长时间才达成这一共识。你可能会问，为什么？第一个证据是，虽然任何一头海豚都会发出多种不同的声音，但每一头海豚都有一种频率远高于其他声音的特定哨声，而且这种哨声与其他海豚的哨声截然不同。这并不是非常有力的证据，鸟类也会唱独特的曲调，那为什么不说鸟类在用曲调给自己命名呢？第二个有趣的证据是，当美国佛罗里达州萨拉索塔湾的野生海豚被研究人员暂时捕捉进行健康检查等操作时，它们会一遍又一遍地发出自己的标志哨声，好像在呼救或提醒其他海豚自己已与同伴分开。我们知道，许多物种在遇险时都会呼救，但海豚用个体特定的哨声而不是一般的遇险信号去呼救，这是很不寻常的。更有说服力的证据是，母海豚与幼崽分离时会用自己的标志哨声去呼唤它们，成年海豚有时也会以稍加变化的标志哨声回应同伴的哨声，好像是为了确认知道谁在呼唤自己。在一系列实验中，研究人员发现，当一头海豚听到多年未见的同类的标志哨声录音时，它会十分兴奋。不过，第三个证据，也是最决定性的证据是，当我们观察海豚幼崽如何创造出自己专用的标志哨声时，我们可以看出它们在某种程度上似乎在模仿自己的母亲，但又会确保自己的哨声足够独特，从而能够将自己与其他海豚区分开来。因此，科学界相当确定，海豚确实是一种拥有名字的动物。

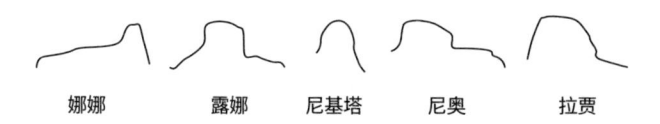

娜娜　　　露娜　　　尼基塔　　　尼奥　　　拉贾

◆ 在以色列埃拉特海豚礁研究中心的五头海豚的标志哨声。

要解释海豚在给自己起名字这方面为何如此与众不同可能有点难，实际上，答案必然与它们的社会组织有关。尽管海豚的种类很多，但我们研究最多的是瓶鼻海豚和大西洋斑海豚，它们都生活在"分裂—融合"的社会中。也就是说，一头海豚的"熟人圈"在数量上是相对稳定的，但这个圈子内的个体是不断变化的。大的群体会分散（分裂），然后重新聚集（融合），随之再次受食物和潜在配偶等可用资源的驱动而分裂成较小的群体。因此，假设你是一头海豚，你可能很久没见到名叫拉贾的另一头海豚了，但下次遇到它的时候你最好认出它，因为你们以前很可能合作无间，也可能势不两立，但无论何种情况，能认出对方都挺重要。

海豚的合作性很强，例如，它们会一起高效地捕猎，而分清敌友非常有助于这种合作的顺利进行。在"分裂—融合"的动态社会中，最近一群雄性海豚发出的标志哨声现象最令人吃惊。它们四处巡游，骚扰雌性海豚[4]。这群雄性海豚联盟似乎是按等级组织的，它们使用标志哨声来宣传自己所属的团体和层级。这就好像它们不仅在宣传自己属于哪个团体，还包括所属的地区及当地分支。同一团体中的少数雄性小团体必要时会聚在一起，但不会与其他团体的雄性混淆。这一切都是通过标志哨声促成的。

　　合作频繁时，知道合作伙伴是谁很有必要。如果始终和同一帮家族成员生活在一起（比如狼），那么记住对方并不难。但如果身处无边的海洋中，合作的伙伴又在不断变化时，就需要一种能够清晰而具体地辨识彼此的方式了，这是非常强大的演化力量。最关键的是，仅仅识别哨声的来源是友是敌还不够，还要能分辨出它们是不同的海豚，因为你要用不同的方式应对不同的个体。这种复杂的社会智力与交流相辅相成。像狼、黑猩猩、海豚、鬣狗这样的社会性动物，首先让自己可被识别，同时也必须具备区分不同个体的能力，这一次又一次地证明了交流和社会性密不可分。不出意料地，地球上仅有的使用名字的两种动物都生活在复杂的社会中，记住和识别个体对社会的有效运行至关重要。人类的祖先是否也生活在这样"分裂—融合"的社会中呢？管理和记住广泛的关系是否推动了人类语言的演化？在关于黑猩猩和人类的章节中，我会就这些问题进行详细的讨论。

名字很重要，但不是一切

　　我们已经详细讨论了海豚的标志哨声，因为它在海豚发出的声音中确实不同寻常。但是，海豚发出的其他声音呢？在野生环境中，标志哨声只占海豚声音库的一小部分。迄今，标志哨声以外的每一种哨声都被归到了"非标志哨声"中，这些非标志哨声又传达了什么意思呢？

　　我们对此还真是毫无头绪。对于海豚的交流、交流的作用以及不同声音的含义，我们还知之甚少。当然，"一个特定的非标志哨声是什么意思"并不算一个非常具体的问题。正如我们前文所提，哨声是无限变化的，我们对海豚个体的标志哨声认知清晰，是因为我们听到同一个体一遍又一遍地发出这个声音。但非标志哨声从不会有两次完全相同，这意味着它们是两个具有不同含义的独立信息吗，还是说它们意思相同，只是有些微小的差异？又或者，我们对意义的理解仅仅基于对自己语言中的词和句子的理解经验，但这种理解并不能帮助我们正视这些哨声以及它们之间或微妙或明显的差异。所以，当我们试图理解动物们的交流内容时，以更广阔的视角去看待"语义"的形式十分必要。

拿两个对我们来说听起来相似但含义明显不同的哨声为例。一种解释是，它们指的是两种不同的鱼类。这或许是以人类从遣词造句的惯用视角来理解的：比如一个哨声指的是"鲭鱼"，另一个是"鲻鱼"。但如果动物语言真有那么简单，破译早就不在话下了！另一种解释是，两个哨声可能都意指"鲭鱼"，但一个哨声的意思是"鲭鱼，美味"，而另一个则表示"不是吧，又是鲭鱼！"在这种情况下，不同的声音显然带有不同的含义，但这种含义在概念上并非不同，只是有微妙的差别。也许这种解释更靠谱：动物发声时的情绪状态至少在一定程度上决定了声音的声学特性。人类也一样，我们语言中的一些含义无疑也是通过情感塑造的细微差别来传达的。我们甚至可以通过语调的轻微变化将一句话的意义完全颠倒过来，比如："哇！晚餐是西兰花！"和"呃，晚餐是西兰花……"。不过，我们很难把这视为语言定义的本质。诚然，这些微妙的差异极大提高了我们交流的丰富程度，但我们仍可以在没有它们的情况下传达消息的整体含义。假如类似但不同的海豚哨声代表具有细微差别的信息，我们是否要将其称为"语言"？还有第三种可能性，海豚可能根本没注意到相似哨声之间的微妙差异。也许那些对我们来说明显有些差别的哨声其实都是在表达同样的意思，说不定只是打个卡——"嗨,我在这儿呢!"对于这些非标志哨声的三种解读,科学家很难断定哪一种是正确的。解决这个困境的唯一方法可能只有询问海豚了,稍后我们再谈这个问题。但我确实想花一点时间讨论最后一种可能性。我们是不是高估了海豚?它们的交流会不会其实微不足道?

◆ 狐獴总是保持警觉和谨慎,它们依靠持续的联络叫声来确保周围的安全。如果感到安心,它们就会非常友好,就像我在卡拉哈迪沙漠中遇到的这两只一样。

　　图中这种"声音打卡"现象在群体生活的动物中非常普遍。这些声音被称为联络叫声,许多动物几乎都会不断地发出这种叫声,唯一的目的就是告诉其他成员一切都好。狐獴是一种可爱的小动物,它们一旦习惯了人类的存在就会忽视你,继续自己的生活。在卡拉哈迪狐獴计划中,研究人员通过每天早上喂它们炒鸡蛋让它们习惯了人类。因此,人可以躺在地上旁观这些小狐獴,这是度过上午的美妙方式之一。狐獴会一直发出细小的吱吱声,除非你离得很近,否则根本听不到。这是一种令人舒适和安心的背景音,当然,让你很难察觉正是这种声音的目的。狐獴会把头埋进地洞里寻找蜈蚣,但只要能听到附近其他同伴的交谈声,它就知道周围是安全的。

　　海豚群体持续不断、无处不在的哨声会具有跟狐獴的联络叫声相同的作用吗?也许并没有什么奇妙的意义或深刻的含义,只是不停地说:"我在这儿,没什么事发生,天下太平。"这个想法有一定道理,无论非标志哨声的真正目的是什么,它们很可能也具备联络叫声那令人安心的作用。但是,仅仅将非标志哨声解释为联络叫声又不够科学,因为它们实在太多样化、太复杂了。联络叫声通常音量较低、容易发出,毕竟你要让伙伴们安心,但又不能引起附近捕食者的注意。而关于某种声音的作用,我们可以从声音变化的来源中找线索。例如,在一群狐獴中,不同个体发出的联络叫声明显不同,而且不同群体之间的联络叫声也明显不同。你可以通过声音判断谁在附近,以及你是否在自己的群体中。然而,海豚的非标志哨声似乎并不是某一个体或群体所特有的。不过老实说,我在此方面的研究远没有那么深入。因此,这些哨声变化似乎不仅仅是由个体的特点或群体的共同特征所决定的,可能还包含其他因素,至少不会像直截了当的对话那样简单。

我的一个学生谭·摩根(Tan Morgan)研究了在不同的社会环境中是否会优先使用某些类型的非标志哨声。我们将哨声分为非常宽泛的类别,这样就避免了上文讨论的叫声逐级变化,以及两个相似的哨声含义是否相同的问题。因此,我们会将哨声分类为音调升高、音调降低及先升后降等非常宽泛的类别。我们将哨声归类时确实会发现,某些类型的哨声在不同情境中的使用比其他类型更频繁,比如在玩耍、与人类互动或彼此追逐时。当然,这不是说某种特定类型的哨声实际上就意味着"看!我在玩儿"。这些非标志哨声比起可以被翻译成英语或其他语言的单词,似乎更像是描述某种普通的心理状态和活动,或是传递一些笼统的信息。

但是，海豚使用词语吗？

科学家会严厉地驳斥美化动物行为的描述，这种描述其实把动物拟人化了。我们固然希望海豚像人类一样拥有自己的语言，否认它们有自己的语言这一点是否太过残酷了？当然，其中一个问题是，我还没定义我所说的"语言"是什么，我目前也不会去定义。就眼下来讲，只讨论语言的特定部分是一个严谨而简单的办法，我们可能会在不同的动物交流中找到这些部分。说到海豚，我们可以问一个问题：海豚是否有自己的词汇？当它们用一套无限渐变的复杂哨声相互沟通时，它们是否在使用我们所说的"词汇"进行交流呢？但这又涉及一个难题：一方面，哨声是渐变的，两种哨声之间其实没有特别明显的区别；另一方面，我们也知道海豚使用的标志哨声具有明确独特的含义。从这个意义上说，海豚已经是我们所知的拥有最大"词汇量"的野生动物了。但是，它们会用不同的哨声代表不同的词吗？

我们习惯认为语言由词语和句子构成，这些词语是独特且定义清晰的。如果我们说"猫"，那么我无疑是指一种野生或家养的肉食动物，而不是夜行且会飞的哺乳动物"蝙蝠"。这两个词之间有明显的区别，而不是一个渐进性的过渡。实际上，如果你试图说出一个介于"猫"和"蝙蝠"之间的词，很可能会发出一个无意义的声音，也可能是另一种动物的名字，比如"老鼠"。但请各位注意："老鼠"又是另一种明确的类别，绝对不是"处于猫和蝙蝠之间的中间状态"。从本质上来说，词语是独特且有明确定义的，作为我们所认为的语言基础，可以用单个符号，即词语，来表达清晰、明确的概念。

不过，海豚的情况可能并非如此。尽管标志哨声容易辨认，但似乎没有清晰的界线区分其前后两个非标志哨声，因为它们都在"相似但不相同"的连续哨声中。标志哨声的形成就是要与众不同：随着海豚幼崽的成长，它的标志哨声逐渐变得与周围其他海豚明显不同；但非标志哨声则始终保持连续的渐变。因此，大多数海豚的哨声似乎不是我们所理解的"词语"。但这并不代表它们没有意义，也不代表它们不构成语言。无论怎样，我们都不能像把"猫"翻译成法语、越南语或乌兹别克语那样，简单地翻译海豚的哨声。若我们局限于认为动物以人类的方式使用词语，那我们就会错过动物界中精妙的交流方式。将人类的思维模式投射到动物的心智中，这是我们在研究动物交流方面难以克服的障碍之一。大多数情况下，当我们讨论动物的交流时，不同声音代表不同的概念，但它们之间并没有一条清晰的界线。记住这一点十分重要：人类基于独特的词汇而构建了语言，并不意味着其他动物也必须这样交流。

让我们回顾一下：狼和海豚都走上了演化的道路，这条道路让它们不得不使用相同类型的变调信号进行交流。它们所处的物理环境限制了其他的可能性，想要在山间或海浪中传递信息，只能用这种方法。当然，狼和海豚的社会结构也影响了它们通信方式的演化；章鱼很聪明，也生活在水下，但不会发出哨声，它们似乎没有这样的社交需求。但是，一旦社会性动物发展出了适合它们环境与关系的交流系统，那么这个系统就会继续限制它们的认知演化。正如我们所看到的，海豚的哨声无法让它们像人类一样用词语清晰明确地指代某个特定事物，但哨声的优势在于可靠地传递笼统的概念或信息，尤其在远距离通信方面。因此，狼和海豚都沿着一条演化的道路前进，而这条演化道路很可能堵死了它们本可以进一步发展认知和交流的大门。正如道格拉斯·亚当斯所说，海豚不需要车轮、纽约和战争。它们只是在水中玩乐，并不需要这些东西的原因之一是，它们的社会永远无法演化到这样高级的程度，所以它们没有这些词。

不过，也可能我错了，也许哨声确实像词语一样有意义。有这个可能吗？

海豚说了什么？让我们试着翻译一下

小时候，我被科幻作家亚瑟·C.克拉克（Arthur C.Clarke）的小说《海豚岛》深深吸引。小说利用20世纪60年代至70年代人们对海豚语言的狂热，讲述了一个小男孩在太平洋的一座岛上遭遇海难的故事。在那座岛上，科学家们正在研发一种计算机设备来解读并使用海豚语，这种防水、可戴在手腕上的设备有一系列按钮，每个按钮都能传达一个海豚"词语"。如今数十年过去了，多年的研究告诉我，这个故事似乎过于异想天开。将海豚语逐字翻译成英语，或将英语翻译成海豚语，这种想法与我们在过去50年里所学到的海豚交流知识背道而驰，更别说可笑而傲慢的人类中心论了。为什么海豚就一定要有和人类相似的语言呢？难道人类语言就是动物沟通必须采用的模板吗？照这种理论，英语有单词，菲律宾的他加禄语也有单词，显然克拉克也觉得海豚语就得有单词。

不过，先别急着嘲笑这些科幻小说，这种设备难道真的只是天方夜谭吗？如今仍然有很多科学家在追寻克拉克的梦想。在这个领域的先驱中，研究了数十年巴哈马点斑原海豚的丹尼丝·赫青（Denise Herzing）与团队发明了一种互动装置，可以在水下播放声音、接收海豚的回应，并在耳机中用英语播放。严格来讲，这种研究工具并不能说是海豚翻译器。赫青利用这个工具训练海豚识别相对随机的类哨鸣声，在经过足够的训练后，海豚会将这些声音与具体的事物对应，比如它们喜爱在野外玩耍的马尾藻。当然，能在海豚的自然环境中与它们沟通是一项惊人的突破，你甚至可以告诉海豚"拿马尾藻来"并听到它们的回应。但其实这与训练鹦鹉和黑猩猩理解人类语言无异，本质上我们还是无法借此理解海豚的交流。我们仍然不知道海豚是否有指代马尾藻的哨声，只知道我们可以训练它们将我们创造的某种哨声和马尾藻关联。这种学习、理解和回应能力是海豚认知的重要特征，之后我会详细介绍。

其他科学家则进行了更大胆的尝试。在如今大数据和人工智能算法大行其道的时代，人类总觉得只要用一台够大的计算机运行精妙的机器学习算法，如深度神经网络，就能解决任何数据问题。世界各地的很多组织都在研究如何将大量录音输入超级计算机，来破译出海豚和座头鲸的语言。能不能成功就见仁见智了，我不希望任何试图理解动物沟通的尝试让我们偏离动物本身。人工智能也许能破解代码，但如果海豚不是用代码交流的，如果它们发出的声音和它们想要传达的意思之间并不是一一对应的，那么大数据机器学习方法就不太可能有用。我认为更合理的做法是先了解这些动物交流的天性和背后的原因，才能知道其中可能蕴含的信息以及如何寻找它，而不是执着于找寻"我想要的"，以致一叶障目。

在坚定地认为某种交流系统类似人类语言并尝试翻译它之前，首先要理解交流中的哪些特质对动物最重要。比如，我们已经知道个体身份对海豚来说非常重要，我们之所以知道这一点，是因为它们在动物世界中独一无二的标志哨声。这很好理解：在浩瀚的海洋中，海豚生活的群体在它们熟悉的海豚中占比非常小，这次一起狩猎的伙伴和下次狩猎的伙伴可能完全不同，它们的社交圈不断刷新。因此，认清朋友、仇敌、家族成员非常重要。这绝非易事，要记住几十个同伴数年甚至数十年，需要复杂的沟通和精巧的大脑。虽然没测试过，但我觉得海豚记住名字和面孔的能力完全在记忆力糟糕的我之上。另外，我们也知道海豚会合作：它们合作狩猎，比如把鱼赶到一起；合作自保，既要对付同类，比如企图强迫雌性交配的雄性团伙，也要对付其他物种，比如一些大体型海豚会趁机欺负和骚扰体型小的海豚。这种合作大概率需要交流，和上一章中黄石国家公园的狼之间的争斗很像，但没比狼的交流方式高明多少。目前我所提到的事情都不需要海豚真正用"语言"来沟通。

不过，狼和海豚之间有几个重要的区别。一个区别是，狼虽然得时刻小心其他狼群入侵，偶尔提防灰熊的威胁，但它们多数情况下还是顶级捕食者，它们的合作主要是为了狩猎、保卫领地和抚养幼崽，而海豚，尤其是瓶鼻海豚和点斑原海豚，则会受到虎鲸等大型海洋掠食者的威胁。从这个角度看，与狼相比，海豚更优于郊狼，常受掠食者威胁的情况也许会让它们的交流在某种程度上更加复杂。另一个关键区别是，海豚在玩耍时似乎非常乐于交流。狼的游戏通常是高度仪式化的，带有明确意义，比如任何狗主人都很熟悉狗在玩耍时的躬身；而海豚在玩耍时花样百出。如我前文提到过海豚的气泡环和马尾藻游戏，它们似乎喜欢玩弄物体并一直叨叨。如果你认为交流只为了"严肃"的互动而演化，那就大错特错了。实际上，我们在海豚身上看到的复杂交流也许只是为了玩得更高兴罢了。游戏给予了动物探索世界（如练习狩猎）以及尝试与其他动物社交的机会。许多动物都会玩耍，玩耍的诸多好处也不仅仅是"带来快乐"就能概括的，实际上，复杂互动的物种，如狼、海豚、人类，玩耍的时长更长。我们还不知道这是因为游戏对于一个复杂的社会来说是必要的，还是因为大脑能够支撑具有复杂社会关系的动物通过游戏来保持大脑健康，但在一个庞大而复杂的社会群体中，玩耍很重要，和觅食或防御一样会给动物带来切实的好处。

如何向海豚提问

目前为止，我提到了海豚行为与交流的一个关键特征，即它们配合人类进行科学研究的能力和意愿，但还没有进行详细深入的讨论，也许，正是海豚愿意与人类玩耍，让我们觉得它们的笑脸后面隐藏着一些超越动物本能的东西。事实上，海豚能理解我们想要什么，这大大帮助了人类理解海豚交流的内容和原因。

同很多人一样，我无法忍受海豚被圈养，把这些在大海中自由徜徉的智慧生物关在人造小围栏里令人浑身难受。老实说，我不赞同动物园这种形式，虽然我童年的大部分时光是在动物园中度过的，而且这些日子对我和我未来的职业生涯都有很大的影响。不可否认动物园的重要性，大部分人类很少有机会看到野生动物在自然栖息地的生活，居住在大城市里的人除了看到鸽子等鸣禽，只能偶然瞥到狐狸跑过。即使动物园缺点多多，但它确实在人们心中植下了自然的美妙。如今，我去动物园的时候大部分时间都在观察人类，尤其是父母带着孩子的情况：他们在这次经历中能学到什么？有时父母会催着孩子匆匆走过笼舍，除了读不同动物的名字外，他们多半一无所获。但你经常会看到有的孩子趴在笼舍外的围栏上，以着迷的眼神长久地观察其中的动物。我想，这也许是无可奈何下的一种正面收获吧。

那么，被圈养的海豚又会对自己的处境做出什么"思考"呢？我相当理解那些试图结束海豚圈养的动物保护人士，但我得说，如果要圈养海豚，就必须保持对它们的不断刺激。人们看到的娱乐表演项目，如海豚跳圈或用鼻子顶球，对海豚来说其实非常重要。我自然明白海豚喜欢生活在无拘无束的大海，在无垠的水世界探索新的刺激：它们可以围观、追逐鱼类和其他动物，可以解读各种声音、味道和感知水流——谁知道什么对海豚的感官最重要呢？但如果海豚不能自由地用丰富多彩的海洋漫游占据自己的大脑，那么退而求其次的办法就是学习新技能，与驯兽师互动，表演新的技巧。这些动物非凡的本性需要它们接受精神刺激和新奇挑战而成长。海豚对学习新技巧的热情令人惊讶，在圈养环境中，任何惩罚手段都无法帮助它们完成训练，只有正向的不断巩固能够让它们配合。这并不是说，训练中不存在虐待行为，但我所认识的和合作过的所有驯兽师都追求真正的双向奔赴，动物们学会按照驯兽师的要求行事。因为在这个没有其他娱乐活动的世界里，这是一种让它们忙碌起来的有趣而令人兴奋的方式。

回到本书的讨论上来，圈养海豚的这种行为带来了两个重要结论。首先让我们自问，为什么海豚愿意合作、学习和玩耍？海豚为什么会寻求与人类的互动？圈养的海豚自然会对你进行的某种行为学实验感到兴奋，但野生海豚也会在我准备好实验后游过来，从水中探出脑袋，好奇地打量我和我的设备。其次，海豚已经在我们的训练领域甚至行为实验中这么配合了，那么我们究竟能在这种配合中学到多少它们的思维和沟通方式呢？尽管海豚和狼有很多相似之处，但也有截然不同的表现。动物园中的狼不会积极参与人类的科学实验。向狼提问，它只会坐下凝视你。当然，我们仍然可以进行实验，比如播放特殊的嚎叫声观察其反应：它是转过来面对你、嚎叫着回应，还是无视声音？但我们无法问它们：这是什么？

20世纪90年代，夏威夷科学家通过训练海豚配合实验，取得了令人瞩目的成果。例如，海豚曾被训练将手势和某个物体（如"圈"）联系起来，可以回答关于物体的问题，即使物体本身不在场：一只名叫阿克的海豚被问到"水池中是否有个圈"时，可以通过按一个桨回答"是"，或者按下另一个桨来回答"否"。[6]这是一项非常有趣的动物认知和语言实验，可以谈及不在场的物体的动物简直是凤毛麟角。但最令我着迷的是阿克参与了这项实验。我花了大量时间研究动物沟通的声音，但可以真正对动物提问的实验是例外。

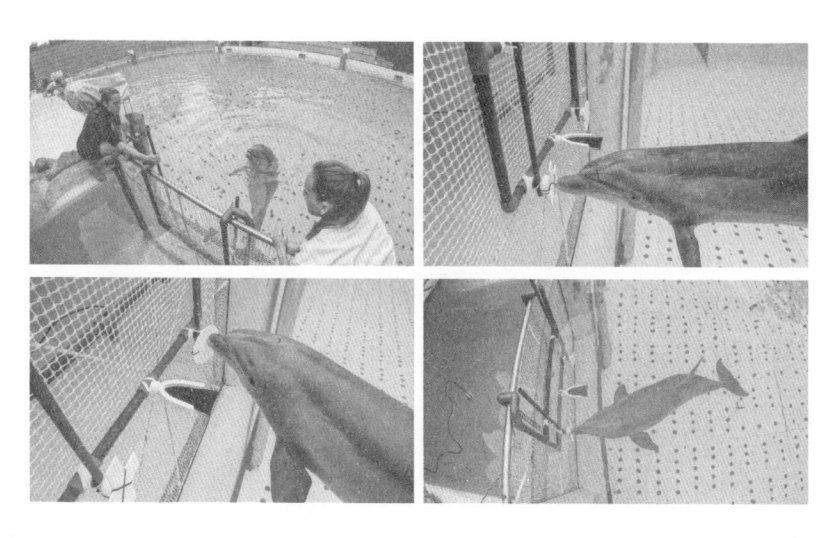

◆ 一项实验中海豚收听了不同的声音，并被要求选择这些声音是"相同"还是"不同"的。

海豚对于这类实验似乎非常积极。仅需一点训练，它们就懂得需要做什么。我们探寻海豚所理解内容的范围几乎是无限的。我与同事萨拉·托里斯·奥尔蒂斯（Sara Torres Ortiz）及安杰拉·达索正在训练两只圈养的海豚阿喀琉斯和尤利西斯，让它们回答海豚沟通中最难的问题之一：两种相似的哨声有什么区别？它们是基本一致的，还是有不同的意义？没有别的物种可以如此深入地解读自己的沟通方式。

为什么海豚如此热衷于成为科学探索的合作者？它们显然不明白我们的意图和原因，我认为答案在于它们的语言能力。在下一章，情况就有所不同了，科学家训练了一只鹦鹉来直接回答问题。尽管大多数人认为这两个物种其实并没有自己的语言，但某种程度上的语言能力使得它们与人类能分享一定的意图。你不需要会写剧本或聊天就能理解相同/不同、存在/缺席等概念，或者不同动词－名词组合的差异（比如"拿球来！"和"拿环来！"的区别），也许海豚研究中最重要的发现不是它们能做到什么（这本身就很了不起），而是它们在没有自己语言的情况下也能做到这一点。这些海豚的脑海中有什么让它们能够掌握人类认为必须拥有语言才能掌握的概念，如"拿球来"和"拿环来"虽然相似，却是不同的两件事，又比如语序的重要性："把球拿到环那里"与"把环拿到球那里"并不相同。这几乎属于人类智慧了，但这恰恰是因为海豚的语言能力在动物世界中过于罕见。不仅如此，海豚似乎也认识到了和人类的共性：它们利用这些共通的机制和互动自然而然地参与训练并合作，就像和其他海豚合作一样。

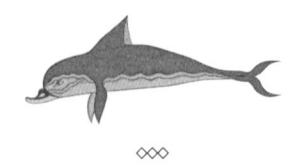

那么，海豚到底有没有自己的语言呢？它们当然有能力叫对方名字，这也表示它们可以利用符号指代物体或个体，即便指代的东西并不在场。这是发展语言的基础特征，即可以指代某个概念，并传达给其余个体。海豚得一分！但正如我们目前知道的，除了标志哨声，它们的哨声似乎无法指代其他特定事物，也不适合区分概念。研究人员将继续研究海豚哨声中的信息，也许我们能发现更多象征性指代。训练后的海豚可以将特定的哨声与特定的物体相联系，但我们想知道它们在自然情况下是否真的会进行这种关联。

海豚似乎很特别，你可能觉得我们无法从中学习其他动物的交流和语言演化，你可能会质疑它们的特别是否能给我们带来普适性结论。但海豚其实也没那么特殊。聪明的它们能够理解指令，用名字指代个体，持续进行复杂的沟通，这些能力是它们生活方式的最佳匹配：在关系复杂的大种群中生活，你需要能够指代彼此，区分个体，来回传递信息。毕竟，它们可不是为了人类而沟通的。现代海豚的祖先要适应这种海中生活，成功觅食并躲避可畏天敌，需要在一代代演化中抓住机会变得更聪明、更会合作、更会沟通。如今的它们正活成了海豚祖先们所期望的样子。

海豚会不会在演化中踏上了类似人类祖先的道路？这一想法实在是蛊惑人心：在大而复杂的种群中生活，演化出精妙的大脑，进行更复杂的沟通，成为有轮子、纽约和战争的现代人类。但海豚（或其他物种）其实并非在按它们的方式"成为人类"，我们自己应对世界的能力（尤其是语言能力）并非其他物种的演化方向。事实上我们的祖先也不曾努力"成为"现代人类——他们只是适应了当时环境的变化。海豚需要足够的沟通来合作，去捕鱼、觅食和自保。我们可以通过观察野生海豚的生存方式断言海豚没有真正的语言，毕竟它们没有道格拉斯·亚当斯所提到的科技进步。但其实逻辑和你的思考正相反，不是因为海豚没有语言所以造不出机器，而是因为它们不需要造机器才没有语言——这便是本书的核心。

我们应该明白动物需要什么，而不是我们认为它们需要什么。海豚自己可以搞定一切：它们的智力水平和沟通方式正符合它们如今的需求，而不是什么伟大计划的一环。因此，它们虽不像人类一样说话，但至少可以在海洋中自由自在地享受生活。

PART 3
第三章

> 鹦鹉

有个家伙正从房间那头盯着你,那小小的眼睛似乎要看透你的一切。这家伙鼓起它脖子上的羽毛,随后开始摇头晃脑,就好像在跳舞。我们已经习惯了动物用这种方式与我们交流:仔细观察、展示自我,对我们进行威吓,或至少彰显自身存在。但是,这只鸟却开口道:

"你要好好的,我爱你。明天见。"

这是怎么回事?这是一种巧妙的模仿技巧,让鸟儿可以拟人声却不明其意?或许,这不仅仅是模仿,而是人与鸟之间互相理解的真正交流?如果是后者,我们从中便发现了人类和动物之间的一些共通点,并借此理解什么是语言,以及语言从何而来。事实上,这是一只名为亚历克斯的鹦鹉的临别遗言,我们在本章中将会听到更多关于它的故事。

鹦鹉是谁？

鹦鹉总是我们故事中的关键角色。当我们思考哪些动物像人类一样时，鹦鹉、黑猩猩和海豚总是最先出现在我们的脑海中。可是鹦鹉同样迥异于人类：它们与我们有着不一样的生活方式和感知世界的方式，身形更是大相径庭。这些大脑迷你的小家伙是如何掌握人类引以为豪的能力，比如操纵物体、制造工具、破解谜团等，甚至是说话的能力呢？为什么这种鸟类能在一众哺乳动物中占有一席之地呢？

在大众印象里，哺乳动物似乎占据了智慧的高地，但凡事总有例外。当我们提及最聪慧的鸟类时，总是绕不开鹦鹉、乌鸦和它们的近亲。乌鸦在制造工具和解决问题方面相当聪明。在《伊索寓言》中，一只乌鸦因无法喝到水瓶中的水，会叼起石头放进水瓶里，直到水位升高至可以让它喝到瓶中的水。真实世界的乌鸦确实也会这样做，它们还会制作工具，从树干中钓虫子吃，甚至对自然规律有着独特的见解——悬在空中的一张图片会令它们久久凝视，但是放在桌面上的图片受到的关注就少得多了。鹦鹉不仅如乌鸦和许多哺乳动物般聪明，还衍生出了很强的沟通能力。鹦鹉的演化轨迹似乎与人类祖先相似，都是把智慧和交流相结合。

然而，大多数人对鹦鹉的了解仅限于那些被关在笼子里的"个例"。它们能够模仿人类说话，通常是一些不太礼貌的"问候"，像好兄弟一样踩在我们的肩膀上，并且给人一种游刃有余的感觉。但是，我们很难窥探到这种狡黠生物的全貌，它们有自己独属的精神世界，能够评估外部世界并计划行动以达到最佳效果。最重要的是，我们很少见到鹦鹉成群结队。一只人工饲养的独居鹦鹉，无论受到多么好的待遇和享受多丰富的娱乐方式，它都无法展示自己的能力，但在野外，它们会利用这些能力来应对各种挑战。最重要的是，独居鹦鹉永远无法展示它是如何在野外生存时利用这些非凡而有趣的发声技巧的，这些技巧帮助它寻找和获取食物、躲避天敌、抚养后代、与其他鹦鹉交流等，而它们的后代长大后也会继承这些生存秘笈。

奇怪的是，科学家对鹦鹉为何如此聪明也知之甚少。它们如何成为鸟类世界的对话者仍然是演化之谜。我们从一些常见说法说起：在野外，鹦鹉必须群居才能生存，每个种群中通常有数百只个体，这样的生活无疑促进了复杂的交流。鹦鹉的食物种类繁多，但数量稀少，因为它们吃的是成熟时间不定的各种水果、坚果和种子。一般来说，植物演化的目的是鼓励动物将种子整个吞下，动物到很远的地方排泄后，植物种子在那里发芽生长，从而未完成传播。然而鹦鹉喜欢掰开种子，吞食其中的营养成分，这与植物繁衍的利益背道而驰。为了自我保护，这些种子和坚果通常都含有毒素，其浓度随种子的成熟程度而变化，或有一层硬壳，以阻止鹦鹉的这种行为。除此之外，误食与食物相似的果实或种子可能会中毒，未成熟的果实被食用也有可能中毒，又或者，它们得花点心思才能获取食物中可食用的部分，这一切都意味着它们需要学习并记住各种觅食技巧。鹦鹉需要面对的这些挑战并不罕见，但它们找到了解决这些问题的特殊方法，最终演化出其他鸟类难以望其项背的交流能力。这种交流在某种程度上与哺乳动物交流的发展相似，而哺乳动物交流的发展为我们人类的语言奠定了基础。鹦鹉是了解语言演化过程与机制的另一把钥匙。

鹦鹉"亚历克斯"：世界上最会说话的动物

非洲灰鹦鹉亚历克斯曾轰动鸟类学界，也轰动了整个动物行为学界。20世纪末和21世纪初，亚历克斯在艾琳·佩珀伯格（Irene Pepperberg）教授的实验室期间不仅学会了说人话，而且似乎对词语的用法、组合方式以及不同组合的含义有了精妙的、类似语言的理解[1]。换句话说，它学会了说话。

令人困惑的是，在科学家研究动物交流的这些年里，最能与人类直接对话的动物不是黑猩猩或海豚，而是鸟类。究竟是什么让鹦鹉能够应用语言结构，从而具备远远超出我们所知的其他物种的能力呢？也许只是非洲灰鹦鹉才有这种能力，也许只是亚历克斯。

非洲灰鹦鹉是一种中等体型的长寿鹦鹉，它们在人工饲养条件下可以活到60岁，在野外也能活到25岁左右。非洲灰鹦鹉能够口吐人言的惊人能力很受宠物市场欢迎，在偷猎者们看来这是一本万利的生意，这也导致它们如今在野外濒临灭绝。大多时候，鹦鹉只是在模仿，这与亚历克斯所具备的使用和理解词语的能力相去甚远。但这一点很重要：模仿环境中的声音似乎是所有野生非洲灰鹦鹉的共同能力。不幸的是，非洲灰鹦鹉居住在人迹罕至的自然环境里，当时很少有科学家投入过多时间和精力深入非洲中部的密林之中，对它们进行详细的研究。这个物种为什么会演化出非凡的模仿能力，甚至是超越单纯模仿的能力？我们对此的认识刚刚起步。但是，在这个鸟类演化群体中发生的一些趣事，为理解词汇及其组合奠定了基础。如果我们要了解人类的语言是如何演化的，那么必须先了解鹦鹉。

我们怎么确定亚历克斯说"明天见"时真的明白自己在说什么，而不是重复它从人类那里听来的话语呢？要知道，一只鸟不仅能发出单词的读音，而且还能像人类一样理解并运用词汇表达，这相当了不起。对于这个问题，我们能够从亚历克斯在实验中的表现找到答案。例如，如果在它面前放一个装有不同颜色、形状和材料的各种物品的托盘，随后问它"有多少个红色方块"或"红色的有几个"，甚至可以问它"有多少个方块"，它就会将目标物体的数量数出来并回答。如果它只是猜测，那它永远都不可能取得优秀的成绩。亚历克斯使用词汇的方式在我们看来稀松平常，但其他物种并不具备这种能力。它可以说出物品的名称来表达自己的需求——"想要香蕉"，如果给它的不是香蕉，它就会大发脾气。这些观察结果都有力地表明，亚历克斯学会的不仅仅是词的联想[2]，还真正懂得这个词的含义。最不可思议的是，当面对一面镜子时，它问了一个佩珀伯格教授经常问它的问题："什么颜色？"就这样，鹦鹉亚历克斯学会了"灰色"这个词——这是动物直接向人类提问的唯一实例。

为什么只有灰鹦鹉亚历克斯有这样的能力？这个问题既深奥又耐人寻味。毕竟，鹦鹉在野外是不会说人话的，可是如果没有与之交谈的对象，为什么鹦鹉还会演化出这种能力呢？答案正如佩珀伯格所言，她所做的是针对鸟类的"压力测试"。这些实验向我们展示了鹦鹉所能达到的极限，即便它们在日常生活中并不需要这么做。这并不会让生物学家感到惊讶，因为并非自然界中所有的演化都是为了某种适应性目的。以鹦鹉身上的羽毛为例，这种特征的演化可能是为了保暖，也可能是为了飞行。因此，即使动物不会说话，但在我们寻找语言的本质、起源以及其他物种具有多少"语言性"的过程中，动物能够表现出明显的类似语言的行为，这一事实就是重要的证据。我们可以说，"至少在一只非洲灰鹦鹉身上，具备语言所必需的核心要素"，不过这也许是一种轻描淡写的说法。亚历克斯可能很特别，但它并不是一只超级鹦鹉，它的基础能力很可能是所有鹦鹉共有的。

模仿和理解的区别

亚历克斯交流能力的真正超凡之处在于，它似乎学会了指代事物，即指称能力，而不是通过标签或用声音与物品关联，即模仿能力。科学家对这两种看似相近的能力做了明确区分，且理由充分：模仿能力和指称能力的本质区别在于，前者是无意识的自动反应，后者则是将事物抽象化和概念化。就是这些核心的认知能力赋予了人类语言能力。当你给婴儿看一张狗的图片并说"狗狗"时，他们最初会将声音与特定的图片形成简单的联想。但很快，孩子们就会知道，这个标签指的是所有的狗，其中包括生物和图片，也包括狗的概念，而非某个图片中特定的动物个体。这种对标签抽象含义的理解在其他物种中是罕见的。

假设我们将一只老鼠放进一个有着蓝色按钮和红色按钮的笼子里，每当老鼠按下蓝色按钮时，食物就会流落下来；但按下红色按钮时，什么也不会发生。用不了多久，老鼠就会知道，按下蓝色按钮就意味着食物来了。这种实验在历史上曾是动物行为研究的核心，尽管如今的动物行为研究通常在自然环境中进行，但人们一般认为这种操作性条件反射说明了动物学习的极限。动物可以将某种刺激与某种结果联系起来，但这只是死记硬背，它们并不需要理解这种联系。毕竟，我们可以教各种生物将刺激与结果联系起来，但这并不意味着我们认为最简单的动物也能在头脑中真正理解蓝色按钮和提供食物之间的关系。

但人类会做的远不止这些。我们能够理解，而不是条件反射般的联想。如果你在那个笼子里，你很快能意识到按蓝色按钮可以获取食物。不过，你的思维过程与老鼠肯定有所不同，其中原因却很难说清楚。你会从某种意义上认为蓝色意味着食物，而这不仅仅是颜色和结果之间的联系。如果我问你："蓝色对你来说意味着什么？"你肯定会说："它意味着晚餐时间到了。"我们把这叫作"指称"：蓝色意味着食物，因为它是一种心理概念，代表了你看到蓝色时对食物的期待这一可感受、可表达的心理状态，并且我们认为他人也理解和拥有这种心理概念，虽然我们永远无法完全确定这一点。我们意识到自己拥有的是理解和认知，而不是"如果这样，就会那样"的条件反射。就像我们可能会把蓝色与野餐和阳光明媚的日子联系在一起，或者与大海和宁静联系在一起一样，蓝色的刺激也会唤起一连串的内部心理状态，蜗牛、老鼠可不会有这么多的心理过程。更重要的是，我们知道，如果蓝色指的是食物，那么就可以用同样的标签"蓝色"来与他人交流食物相关的信息，或是向他人索要或提供食物。这就是为什么指称能力绝对是理解语言能力的核心。回到老鼠的例子，我们能弄清楚老鼠也拥有类似的概念吗？我们是否可以确定，老鼠是在对与食物有关的刺激做出条件反射，还是能够将这种刺激明确指向食物？这个问题很棘手。要证明老鼠没有这种指称能力是很难的，因为找出答案的明显方法就是问老鼠。如果我们想知道人类是否对某种事物有内在的心理概念，只要问他们就可以了——然而，动物可不会说人话。

我们可以反过来理解动物是否有指称能力的问题。如果有，我们会期待怎样的结果呢？大多数科学家认为，指称能力对于语言来说绝对是至关重要的。毕竟，人类语言中涉及大量抽象概念：我们可以谈论想象中的生物，比如独角兽和骏鹰；可以谈论想象的情境，比如中了彩票可以干什么；也可以谈论简单、具体的物体，但它可能并非实实在在呈现在眼前的，比如我放在抽屉里的钥匙。也许，指称能力和抽象思维是相辅相成的。钥匙不在这里，但我的语言和思维同样可以指向它们。因此，我们可以合理地认为，如果动物可以使用这类抽象的语言结构，那么它们必然具有一定的指称能力。动物使用语言的特定方式可能是了解其真实想法的一个指标。如果一个动物能够以抽象的方式谈论颜色，那么我们就可以猜测它们也理解食物按钮的颜色（不是证明，因为我们永远无法证明另一个个体在想什么），而不只是像海绵或水母那样对附近水域的动静做出条件反射，向食物移动或发射刺胞。如果某种动物能够使用抽象的语言结构，那就意味着这种动物能认识到语言的某些关键特征。至少，它们具备语言能力的演化基础。那么，我们发现了什么？鹦鹉亚历克斯能帮我们找到一些答案吗？

我们需要通过实验来探索这个问题。如果我向一只动物展示一盘颜色各异的物品，问它"哪个是蓝色的"，而它选择了一个蓝色的物品，那你一定会印象深刻。你会认为它已经"理解"了你的指令，并清楚地认识到什么是蓝色，什么不是。但它真的明白"蓝色"是什么吗？这就有待商榷了。也许当听到"蓝色"这个词时，它仅仅将声音与视觉刺激联系起来，于是自动选择了某个颜色的物体。在动物界中，我们可以看到这种将刺激与特定反应联系起来的行为非常普遍。苍蝇看到拍子接近就会飞向空中，植物会向着阳光生长，哪怕我们通常认为植物不会思考。这种关联能力在演化过程中的好处显而易见，尤其是当优质食物与某种特定颜色相互关联，或者其他群体成员也正在分享食物信息的时候。如果我是一只鹦鹉，当我喊出"蓝色"时，我的亲友就会意识到"哦，蓝莓成熟了"。但这并不一定是对颜色的理解，这不是指称。鹦鹉在听到"蓝色"时可能不仅仅会条件反射。我们如何测试呢？艾琳·佩珀伯格的一个伟大创新就是设计出能够绕过这个看似无法克服的障碍的实验：如何看透动物的思维并区分思考与条件反射。当然，如果亚历克斯没有这个能力，即便艾琳技术高超，这一切也是不可能实现的。她的突破是提出了一个完全不同的问题。她向亚历克斯分别展示一个蓝色三角形和一个红色三角形，或一个蓝色三角形和一个蓝色正方形，并问它二者之间有什么不同。我们知道，第一种情况下答案是"颜色不同"，第二种情况下答案是"形状不同"。注意，这绝不是一个可以通过关联回答的问题。除非动物记住了每一对不同颜色和形状的物体组合及其正确答案，否则要想答对这个问题，唯一的办法就是理解"颜色"是一个抽象概念，它不同于另一个抽象概念"形状"。

事实上，亚历克斯的确可以做到这一点。它能分辨出物体的颜色、形状，甚至材质差异，而且还能用语言给出答案，用"颜色"和"形状"等词来表示不同类别物体之间的抽象差异。纵使亚历克斯无法代表所有灰鹦鹉，但它作为个体无疑具备学习语言的基本要求：具备指称能力。但是，为什么一只小鸟会有如此强的语言能力呢？虽然在压力下，鹦鹉亚历克斯可以表现出令人印象深刻的语言能力，但为什么不是所有野生灰鹦鹉都用自己的语言聊天呢？换句话说，为什么鹦鹉有这种能力，却没有演化为真正的"语言"？

鹦鹉的声音

在野外，灰鹦鹉栖息在人迹罕至的环境中，因此我们很难了解它们的生活。这些友好的鸟类在人工饲养条件下能够茁壮成长，如果给它们提供足够大的鸟舍，有足够多的同伴，那么它们在人工饲养条件下的生活也能在一定程度上反映野外行为。我有幸在特内里费的鹦鹉公园工作过，那里有圈养环境下最大的几个灰鹦鹉种群。萨拉·托里斯·奥尔蒂斯和其他科学家在这里研究鹦鹉的学习方式。这里不仅有非洲灰鹦鹉，还有红额鹦鹉、蓝黄金刚鹦鹉及体型巨大、聒噪的大绿金刚鹦鹉。实验室的办公室正对着鸟舍，震耳欲聋的尖叫声不绝于耳，研究员戴着降噪耳机悠闲地四处走动。这些喧闹而愤怒的鹦鹉因人类在它们的生活环境里走来走去非常不满。其中非洲灰鹦鹉却很安静，它们暗中观察，慎重地做出反应。灰鹦鹉是学习实验的主要对象，也是最受关注的实验对象。训练员向它们展示装有不同形状物体的盒子，它们就像亚历克斯那样，需要选择与训练员展示给它们的形状相匹配的物体。无论使用什么颜色、形状和材料的物体，它们都能很快学会并找到正确答案。尽管可能听起来有些拟人化，但用"深思熟虑"形容这些鹦鹉恰如其分。当你走近鹦鹉的笼子时，金刚鹦鹉会尖叫着飞上枝头，灰鹦鹉则会来到笼子前，摇头晃脑，有时还会水平转动脖子，以便从各个角度更好地观察你，似乎在问："这又是什么新情况？"它们炯炯有神的小眼睛中蕴藏着智慧。人们不禁要问：这些动物也会聊天吗，它们都聊什么，它们为什么要聊天，这对它们

◆ 实验室中的非洲灰鹦鹉。

有什么好处？

　　如果你静静地坐下来观察一会儿灰鹦鹉群，很快就会发现：这群鸟非常悠闲。如果你观察过花园喂食器旁的小鸟，就会发现它们总是忙碌个不停，不断地互相驱赶：如果一只鸟栖息在树枝上，另一只鸟就会落在同一树枝上，把第一只鸟赶走。这种排挤行为是鸟类社会行为的重要部分，科学家用这种行为来衡量个体间的支配关系。一个占优势地位的动物会不断地把其他动物从栖息地赶走，这就是它们确立上位的方式。而灰鹦鹉的生活就比较轻松了，落在同一根树枝上的灰鹦鹉会饶有兴致地转过头来，但并不会立刻飞走或驱赶原来的那只灰鹦鹉，就像看到我走入它们的鸟舍时一样。当然，鹦鹉的世界里也不全是爱与和平，有时新来的鹦鹉会一点点向旁边挪动，直到把原先站在这里的鹦鹉从树枝上挤下去。但这些鹦鹉建立领导地位的方式与其他动物不同，它们不是通过快速追逐或争斗来显示谁是老大，而是更加平静地处理：例如，当一只灰鹦鹉在啄食葡萄时，有时候其他灰鹦鹉会温柔地咬一咬它的喙，小心翼翼地尝一尝它吃的东西。动物间类似的互动除了配偶间并不常见，但也不是闻所未闻。黑猩猩会用手势请求分享食物，幼狼会舔成年狼的下巴请求哺育。这些物种的互动方式虽然截然不同，但我希望读者不要忽略它们之间的联系：当冲突降到最低程度时，一个稳定、复杂的社会结构就会发挥最大作用，为其中的所有动物带来好处。如果有什么力量在维持着社会车轮的平稳转动，那一定是"交流"。

　　非洲灰鹦鹉另一个值得关注的点是，它们有两种不同的叫声：喳喳声和哨声。喳喳声是典型的鹦鹉叫声。虽然非洲灰鹦鹉不像附近鸟舍里的其他鹦鹉那样聒噪，但这种叫声十分独特，而且无疑与鹦鹉之间的交流有关。当鹦鹉发出喳喳声时，往往是为了示警、求救，或者为了让其他同类关注环境中某些有意思的东西。这种叫声响亮又刺耳，与我们目前看到的简化频谱图不同，喳喳声并不像钢琴上的一个音符那样只包含单一频率，它更像一个孩子同时猛击钢琴上的多个琴键。这类声音能迅速吸引你的注意力。但它们除了招呼一声之外没有包含太多信息。

每个人都熟悉鹦鹉的喳喳声。电影中，当海盗船长肩上的鹦鹉喊出"八个金币"或"波莉要饼干"这样的话之前，它们总会以"啊哈"开始——那就是喳喳声。喳喳声可能相当复杂，我们认为至少一些鹦鹉能从声音的细微差别中分辨出到底是哪只鹦鹉在叫，不过这叫声实在难听。我们对鹦鹉的声音能力印象最深刻的，莫过于它们模仿各种声音的能力，同时这也是对我们的研究最重要的方面。我们已经看到了亚历克斯如何模仿艾琳·佩珀伯格和她团队所使用的词汇，报纸上也能看到动物园的鹦鹉因为学会了游客教它们说的脏话而被"关禁闭"的故事。这种模仿声音的神奇能力从何而来，它们为什么这么做？只有在类似的自然环境中观察鹦鹉的互动，我们才能找到一些线索。

我们饲养的非洲灰鹦鹉总是说个不停，大多数时候是喳喳声，偶尔会夹杂着哨声。喳喳声很可能是一种联络呼叫，告诉同伴"我在这儿，天下太平"。如果一片森林里满是喳喳叫着的鹦鹉，那么要想在这片喧哗中传递信息，它们就得另觅他法。我们在前面章节中已经知道，带有音调的哨声能穿过噪声传到很远的地方，而且能包含更多信息。所以这些哨声是一种很有趣的发声方式。鹦鹉在发出哨声时的行为也有很大的不同。通常情况下，一只蹲在树枝上

◆ 鹦鹉喳喳声的简化频谱图，紧接着是鹦鹉的哨声。喳喳声包含多种频率，而哨声则是一个简单的高低音。

的鸟每隔一段时间会吹一次"口哨",大部分情况下都是在重复同一个哨声,就像你习惯哼唱最喜欢的曲子一样。后来,我们开始用不同鹦鹉的常用哨声给它们起名字:这只叫"啊～哦",那只叫"呜呼～"。虽然,这看起来很像我们在上一章中谈到的海豚标志哨声,但貌似不是每只鹦鹉都有它们的专属哨声。相反,它们会在一段时间内热衷于某个哨声,就像一种鹦鹉界的"洗脑神曲",当它们觉得腻了,就会换成另一种哨声。

但是,即使哨声没有个体特色,它们仍然可以传达有用的信息。哨声是一种复杂的声音,可能比喳喳声更难发出,想要有规律地发出几乎完全相同的"标准"哨声也更难。因此,这些哨声可以作为动物展示它们头脑聪明、身体强壮的信号。动物的哨声越复杂、越有规律,它就越有魅力。这种信号很容易成为鹦鹉或其他物种建立统治地位的机制的一部分。

◆ 非洲灰鹦鹉在15秒内的叫声频谱图:喳喳声中夹杂了哨声。

非洲灰鹦鹉也会互相模仿同伴的哨声。这本身并不奇怪:许多鸣禽都通过聆听周围雄鸟的歌声来学习鸣唱[4],模仿其他鸟的同时再加上一点自己的小改编。然而,大多数鸣禽一旦学会了一首歌,终其一生就不会再有任何改动,它们一般不会每次都模仿不同的个体唱不同的歌。因此,鹦鹉的这种模仿能力相当不同寻常。其他鸟类对歌声的模仿通常是一种挑衅,A鸟因为B鸟模仿它的歌声而猛烈攻击B鸟的情况并不罕见。因此,从表面上看,鹦鹉为了争夺主导权而相互模仿也就不足为奇了。但非洲灰鹦鹉则是它们的进阶版：当一只鹦鹉忙着吹口哨时，例如前面提到的"啊～哦"，另一只鹦鹉可能会在模仿之余加以改进，好像在说："嗯，虽然你唱得不错，但听听这个！"模仿声音与修改、美化并改进声音之间有很大的区别。大洋洲雄性琴鸟能够出色地模仿周围听到的声音，组合成一首令人难忘的"混音"歌曲，这些声音不仅包括其他动物发出的声音，还包括电锯声、汽车警报声、相机快门声等一系列物品发出的声音，其出色的模仿能力令人震惊。不过，把这些声音组合在一起比较简单，不像改变它们的音节或旋律那样困难，后者似乎意味着需要更复杂的思考能力。

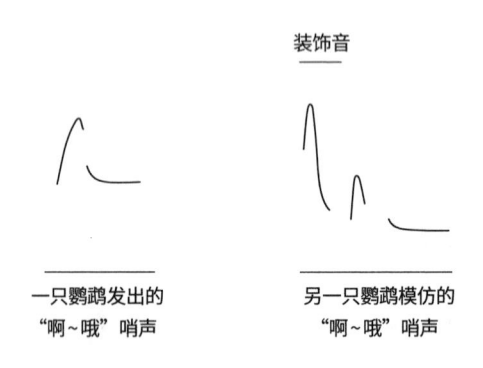

装饰音

一只鹦鹉发出的
"啊～哦"哨声

另一只鹦鹉模仿的
"啊～哦"哨声

◆ 这是两只不同的灰鹦鹉发出的"啊～哦"哨声，第二只鹦鹉在模仿第一只鹦鹉哨声的同时，还在开头加了一个装饰音。

请想象一下这样的场景：一只鹦鹉站在树枝上，一遍又一遍地吹着"啊～哦，啊～哦"的哨声，此时另一只鹦鹉转向它，发出"噢～啊～哦"的哨声。站在第一只鹦鹉的立场上想想，我们可能会觉得很丢脸——因为自己的哨声被比下去了。而这正是这种互动的作用：鸟类通过与同类"斗歌挑战"战胜对手来确立自己的主导地位。不过，因为还没有人对这些鸟类优势争斗之间的你来我往进行过详细的研究，所以我的推测有些牵强，但作为一种有效的假设，它与我们所了解的灰鹦鹉行为一致。

还有一则轶事有助于我们更好地理解这种发声机制。当我们坐在鸟舍里时，一只绰号叫"狼哨"的鹦鹉正忙着一遍又一遍地发出令人印象深刻的狼哨声，没有鹦鹉搭理它。但有两只鹦鹉可能对我和我的同事特别感兴趣。我俩当时就坐在鸟舍另一端，它们站到笼子的栅栏上，歪着头，喙从缝隙中伸出，试图更多地了解我们。然后，我们听到了它们用非常轻微的声音，在呼吸的间隙中小心翼翼地模仿"狼哨"，但似乎不想让它听到，因为"狼哨"可能认为它们是在挑战它的权威。或是它们出于本能而渴望模仿，以至于不得不做出回应，即便它们的模仿声只有自己能听到。

至此，观察鹦鹉的复杂发声交流呈现出了一个不同的视角：动物在利用它们的模仿和修饰能力来完成社交，并获得地位。如果一只鹦鹉的社会地位取决于它模仿和巧妙地改进其他鹦鹉声音的能力，那么让交流变得越来越复杂的演化道路就不再那么神秘了。个体会为了获取更多收益而倾向于发出更复杂精妙的声音，这是一种演化的潜在驱动力。这是演化理论最基本的要求：新的性状必须有利于个体生存、繁衍并让后代茁壮成长，只有这样，性状才能持续存在并世代相传。当我们还在一步步破解语言如何演化的谜团时，灰鹦鹉或许正好为我们揭开了其中一隅。

在互动中学习：建立理解

鹦鹉这些建立在发声上的社交行为还有助于我们解开另一个谜团：为什么

亚历克斯是独一无二的，为什么我们不能同样教黑猩猩、海豚和狗说话？其中既有演化的原因，也与训练的方法论有关。几十年来，实际上可能是几千年来，人们一直利用条件反射来训练动物听从命令。现代驯兽师有一套复杂的训练系统，最初是在动物无意中做出要求的动作时给予奖励，比如跳过一个铁环，或把爪子伸出来让人剪指甲。随着时间推移，动物会将特定行为与奖励联系起来，并能遵从指令做出要求的动作。这是一套较为简单的操作系统，甚至可以用来训练昆虫。因此，人们尝试用同样的方法训练动物说话：给大猩猩展示香蕉，如果它们做出"香蕉"的手势，就会得到奖励。

但亚历克斯是用一种完全不同的方法训练出来的。艾琳意识到，野外没有驯兽师，鹦鹉通过观察以一种自发又不定向的方式相互学习。因此，她采用了心理学家迪特马尔·托特（Dietmar Todt）在20世纪70年代提出的一种方法：榜样－对手教育法。虽然听起来很高级、复杂，但有孩子的人对这个方法都不陌生，比如，小艾莉不想吃西兰花，于是我拿了一些西兰花给我的"托儿"——艾莉的姐姐玛雅："你想不想吃些西兰花，玛雅？想吃的话就说'请'。"玛雅说："爸爸，请给我一些西兰花好吗？"与此同时，艾莉正在仔细观察。她知道了如何在这场求关注大赛中吸引我的注意力，很快她就会说："西兰花！"但我用姐姐做示范，让她明白，只有正确地说"请给我一些西兰花好吗"，才能从我这里顺利得到关注和西兰花。请注意这种方法与更传统的条件反射之间的区别。如果你通过在狗坐下时给它食物来教它"坐下"，那么"坐下"和"得到食物"之间必须至少在一开始就有很强的关联性。如果"坐下"得不到可靠的奖励，训练就会失败。正是这种可靠的关联使条件反射在不同认知水平的各类物种身上取得了成功。

对动物们来说，理解榜样－对手教育法更难一些：刺激和奖励之间并没有明确的联系，而且动物必须理解"榜样"和"对手"之间的互动。社会性动物往往能够理解这种社交互动。榜样—对手教育法的惊人之处在于，它与社会性动物在自然环境下学习社交互动的过程有异曲同工之妙。先前我描述了两只鹦鹉分享一颗葡萄的情景。想象一下，也许是夫妻的两只鸟站在树枝上，其中一只正在享用葡萄，另一只轻咬它的喙，请求尝一口，而第一只鸟也很高兴地同意了。假设现在这对鹦鹉夫妇的互动之间多了一位"旁观者"。仅仅通过观察，旁观的鹦鹉就能学会求得食物所需的暗号，让它在演化过程中具有明显的优势。当然，一开始动物学到的只是事物间的关联，但随着刺激变得越来越多，要想继续获得奖励，唯一的办法就是加深对眼前社交行为的理解。这意味着动物得拓宽对"西兰花"或"蓝色"等概念的理解，要是它的脑子够用，还能理解颜色或形状等抽象概念。

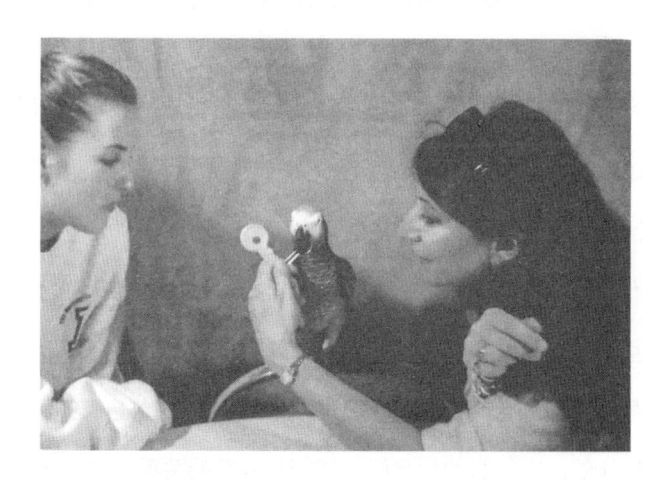

◆ 两名研究人员正在进行对话，鹦鹉亚历克斯在一旁观察她们的互动，这是榜样—对手教育法。

榜样—对手教育法对灰鹦鹉的效果惊人，可能是因为这非常贴合灰鹦鹉在野外的学习方式，但这种方法很少用在其他动物身上。而即便对效果绝佳的灰鹦鹉来说，这也是一种非常耗时的方法。动物可能需要数月或数年的时间才能理解这项任务。毕竟它们会在野外生活数十年且拥有好几年的童年时光，即便它们成年了，也要经过多年的学习才能成功养育下一代。但在实验室里，长年累月地与一只鸟儿待在一块儿就是一种缓慢的研究方式了。此外，坐在桌子对面被一只小灰鸟耐心观察是一回事，可让海豚或黑猩猩在这种让它们不自然、不放松的环境中长时间全神贯注地听你讲话，则是另一回事。因此，其他物种或许也有真正的指称性理解能力，只是我们的探索还不得其法。

野生鹦鹉群：热闹喧嚣的大社区

我一直都在强调，社交技能和沟通能力在语言演化过程中同样重要。复杂的交流之所以存在，正是因为社交互动本身的复杂。我们观察到，鹦鹉具有复杂的交流能力，这大概反映了它们生活在复杂的社会环境中。更重要的是，榜样—对手教育法作为一种基本的社会化的学习方式，它的成功给我们提供了一个线索，即这种互动可能与鹦鹉在野外的自然行为有相似之处。但野外的鹦鹉到底有多擅长社交呢，为什么它们会拥有在观察中学习的社交技能，它们在实践中是如何利用这些技能的，它们真的和我们一样拥有复杂的关系、目标和意图吗？这些问题的答案大概率是否定的。野生动物的需求很可能与我们的原始人祖先面临的需求截然不同。显然，社交生活的诸多益处是不同物种共有的，但每个物种都有自己的特殊需求和专属解决方案。

群体生活让动物能够利用个体无法生存的困难环境。诚然，许多种类的群居鹦鹉都是数十只甚至数百只一起栖息觅食，但鹦鹉群并不是我们所理解的社会，也不像成群的黑猩猩或狼群，鹦鹉个体之间的互动更微妙也更偶然。鹦鹉间关系的基本单位是伴侣关系：一对雄鸟和雌鸟组成家庭，生儿育女。这是通常的情况，但鸟类中也有很多同性关系的例子，这恰恰说明鸟儿对"同伴"这种社会关系的需求有多么强烈。除了这种亲密关系，群体中的其他成员似乎基本被归类于"其他家伙"。实际上，无论一只鹦鹉对其他伙伴多有好感，它最关注的永远是自己的伴侣。鹦鹉伴侣互相耳鬓厮磨的时间占它们社交时间的大头，包括互相整理羽毛、照顾幼鸟或一起玩耍等。但一个令人困惑的问题也随之而来：如果鸟类从根本上来说是成双成对地生活，大多数情况下只与伴侣互动，那么它们生活在一个复杂的社会中又有什么意义呢？如果像我说的那样，鹦鹉认知的复杂性主要来自其社会群体的复杂性，那么，如果鹦鹉大部分时间都只和伴侣在一起，它所在的社会群体又会有多复杂呢？

鹦鹉群可以在许多方面利用它们的群体优势。比起单独行动，大群鹦鹉一起觅食时更容易发现捕食者，也更容易发现威胁，哪怕只是凑巧。但群体生活并不都是美好的：比如，找到的任何食物都需要分享给所有成员，想象一下一百只鹦鹉争抢有限食物的场景，那绝对是天下大乱。不过，动物会以不同的方式来缓和这些矛盾。如果像狼群那样生活在一个小群体中，就会有等级制度。地位高的动物可以优先获得食物、配偶、住所等能够让它们更好地交配繁衍的资源；而地位低的动物知道，与老大作对没有任何好处，所以它们只能伏低做小，尽力获取剩下的资源。这样哪怕资源有限，动物们也不会把时间浪费在争吵上。自然选择往往会以这种方式来平衡万物。但是，在上百只鹦鹉组成的一个大群体中，即使是最霸道的鸟也不能独享所有食物。因此，这些庞大的觅食群体通常会在食物丰富但分布不确定的地方出现。在热带雨林中，水果随时可能成熟，动物们每天都要找有成熟果实的树。俗话说，人多力量大，动物也会分享食物位置的信息，作为回报，它们在进食时也会得到群体的保护。通常，一棵树上会有足够的水果供大家分享，看起来是双赢局面。成员多而分散的鸟群非常适合在丛林中食用各种果实，这也是鹦鹉演化的目标。对于这种简单的社会形态，鹦鹉不需要和同伴太熟，要找到食物和防御捕食者，靠群体的力量就够了。

我还观察了著名的群居鹦鹉——和尚鹦鹉（又名僧鹦鹉、灰胸鹦鹉）的社交行为。和尚鹦鹉是一种招人喜欢的小型鸟类，它们有着鲜艳的绿羽毛，胸部呈灰白色，是非常受欢迎的宠物。它们容易与人亲近，爱叫却又不会太吵，它们在笼子里把喙当成第三条腿进行杂技表演，即使在人工饲养的环境下，它们也是很有趣的观察对象。野生的和尚鹦鹉非常厉害，它们是为数不多的能自己筑巢的鹦鹉，而且它们筑的巢非常壮观：巨大的鸟巢宽数米，巢中容纳着数十对情侣，就像巨型建筑中的小公寓。和尚鹦鹉的公寓生活就像一场复杂的游戏，邻居可能太吵、它们的孩子可能捣乱或者欺负你的孩子，有时候甚至偷东西。显然，这样的生活需要很强的社交技能，和尚鹦鹉正是研究鹦鹉社交起源的好对象。

鹦鹉筑巢的情况并不常见，因为它们大多是热带物种，只需找到腐烂树木上的合适洞穴，就有充足的安全空间来孵蛋和养育雏鸟了。但和尚鹦鹉最初分布于南美洲的草原地带，那里很难找到现成的树洞，它们又对收集树枝情有独钟，于是用树枝筑成了一个个大巢穴，点缀在任何合适的树杈上。南美洲大草原上矮小的树木是和尚鹦鹉的天然栖息地，如今它们遍布全球，在美国拆毁电力变压器，在西班牙巴塞罗那的华丽建筑上泛滥成灾，这主要是宠物贸易种下的恶果。

◆ 多户型"公寓"：和尚鹦鹉巢的上部结构。

和尚鹦鹉成对地在这样的"大型公寓"中生活繁衍。大概是因为单个鸟巢不稳固，没法为它们提供足够的保护，因此，每对和尚鹦鹉在建造自己住所的同时，会与邻居共享一个更大的"公寓框架"。但是，巢中没有相互连接的通道，也没有公共设施；每个巢穴只有一个入口，每个家庭之间都有分隔墙。这不像人们合作狩猎或建造航天飞机那样，不算真正意义上的合作，和尚鹦鹉也不依靠合作来建造稳定的"公寓框架"（有时巢会突然掉下来），而且它们还会趁邻居不注意偷偷拿人家巢里的树枝。如果你观察和尚鹦鹉搭巢，就会发现它们会小心翼翼地把树枝修剪成合适的形状和长度，然后在现有树枝间穿插，让巢更牢靠。不过即使是夫妻双方，在建造过程中也不会有特别的合作，有时候两只鸟在同一个巢上干活，反而会碍事。它们搭巢的技术很高明，一切都很随意，没有任何配合。有时一只和尚鹦鹉挡住了配偶的工作，比如它刚放好的树枝被配偶扯掉了，它们就会摇头晃脑地互相梳理羽毛，似乎在说"对不起"。这些鹦鹉并没有通过互相沟通去完成任务，它们有这种沟通能力，却并未使用。

所以，这到底是怎么回事呢？前文说过，鹦鹉是了解交流和语言演化的关键，但和尚鹦鹉为什么不利用语言交流呢？既然它们有能力通过协商找到一种更好、更互惠、更有效的生活方式，为什么还要继续忍受邻居和伴侣的干扰，还有摇摇欲坠的简陋巢穴呢？这个问题不仅针对和尚鹦鹉，还可以问问狮子、狼和猴子，为什么它们不利用语言或类似语言的方式来更好地合作，表达它们的计划、想法和愿望呢？

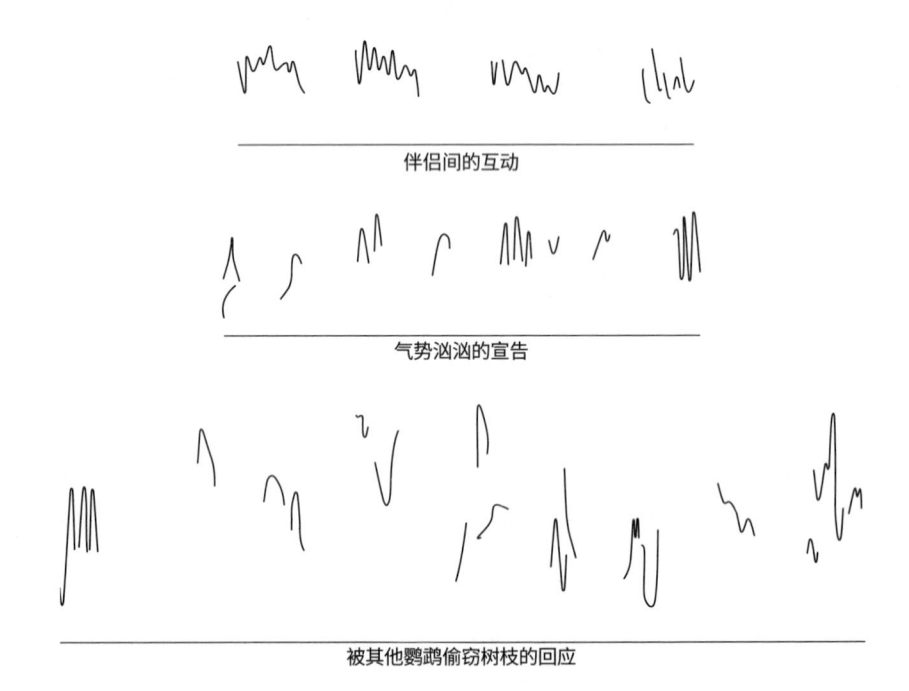

伴侣间的互动

气势汹汹的宣告

被其他鹦鹉偷窃树枝的回应

◆ 一些和尚鹦鹉在不同情况下的叫声的例子。

和尚鹦鹉的叫声非常多样，不同的叫声表达不同的情绪和意图。但这主要是因为它们有很强的学习能力。像亚历克斯那样通过榜样－对手教育法在认知和表达上有大幅进步，这一事实本身就表明鹦鹉在自然环境中具备这样的能力。年幼的和尚鹦鹉通过观察父母的行为（非条件反射）学会筑巢，因为靠试错去学筑巢太慢了，错误可能会导致摔得很惨。通过模仿，幼鸟能够学会独立筑巢、应对偷树枝的邻居，以及和配偶建立亲密关系，这正是榜样－对手教育法的精髓。科学家并没有发明出一种特别的训练方法，而是挖掘了鹦鹉行为的基础：模仿、参考、换位思考，这些复杂的认知技能对于学习成为一只成功的鹦鹉至关重要。因此，有些种类的鹦鹉在语言方面也是出色的模仿者，这意味着它们或许可以像亚历克斯那样学会与人类交流。演化让动物具备实现某个目标的技能，这个技能又可以用来达成更大成就，鹦鹉正是一个好例子。

那么，鹦鹉是否就是一种与我们截然不同的奇怪动物，只是碰巧说话的方式和我们有点像？还是说它们显示了一些和我们共有的演化路径和机制？我之前说过，鹦鹉很特别，但即使你承认亚历克斯的成就是会说真正的语言，你可能也会想知道为什么它是唯一的明确会说人话的动物，而和尚鹦鹉相比之下却相当笨拙？鹦鹉之所以特别，并不完全是因为它们会说话的能力（一般来说，它们并不怎么会说话），而是因为它们揭示了影响交流的演化力量——正是这种力量推动我们的祖先发展出了真正的语言。

鹦鹉在我们理解语言和大脑功能方面提供了两点启发：它们展示了演化出语言能力的多种路径；它们还告诉我们，形成语言所需的大脑结构和功能最初并非专为语言而演化，而是有其他目的，但后来被用于语言活动。或许我们应该将它们与前文的两个物种进行比较：狼群生活在关系密切的群体中，以一种合作的方式相互依赖，虽然它们的交流令人惊叹，但它们只能传达有限的概念；相比之下，海豚似乎能在日常生活中表达相当复杂的概念；而鹦鹉则不属于任何一方。它们似乎很善于表达，并且关注其他鸟儿发出的声音。但是就像狼一样，它们可能不会说太多，也没这种必要。它们需要传达的概念，包括友好、烦恼、警告、兴奋，都可以轻易地用它们拥有的声音来表达。实际上，它们的曲库异常庞大，远远超过了它们的表达需求，部分来源于其强大的模仿能力，而模仿能力的演化除了扩大它们的曲库之外，可能还有其他原因。这在动物界中并不罕见，许多鸣禽都有非常广的发声范围，但它们需要传达的信息却很简单。鹦鹉与其他鸣禽的关键区别在于，除了灵活的发声能力外，它们还具备把声音与事物对应起来所需的认知能力。它们可以解决问题、建造鸟巢，可以相互学习如何打开坚果，或者交流哪些果实好吃。它们可以避开霸凌者，同时还能利用群体的保护。它们完美结合了复杂的社交需求、学习需求和丰富的声音技巧。

艾琳·佩珀伯格现在在另一只非洲灰鹦鹉格里芬身上也得到了和亚历克斯相似的结果。亚历克斯的表现告诉了我们动物能做什么，以及为什么能做到这些。鹦鹉、狼和海豚生活在三个完全不同的环境里：鹦鹉成双成对，生活在大群体中；狼生活在大范围活动的小家庭里；而海豚则在无垠的海洋世界中拥有"裂变—融合"的社会结构。尽管它们如此不同，但它们找到了共同的思路来解决群体生活中的问题：了解你的邻居、告诉它们你想要什么，并理解它们对你的期望。但是这些交流与人类所理解的真正语言之间尚有差距，笼中的鹦鹉即使靠得很近，它们之间也不会进行复杂的对话。在野外，鹦鹉的需求虽然比其他鸟类复杂，但按照人类的标准，仍然出奇的简单：它们只需要分享有关食物的信息，并建立社交关系，不像人类那样有复杂的职业、教育和税收系统。这是因为"经济实用"在演化中至关重要：演化在很大程度上是运气和机遇的结果，因此灵活和可重复利用的特征总是更受青睐。如果某种能力能够发挥某种使动物获得生存优势的作用，那么演化过程中的随机变化很可能会找到实现这一目的的方法。动物的灵活性在某些情况下让它们具备潜在的能力，帮助它们在未来适应生存环境，甚至可能让它们跨越从"没有语言"到"拥有语言"的门槛。

我们坚信语言不可或缺，但这种观点未免有失偏颇。我们无法想象没有语言的生活，但动物可以。亚历克斯因为特殊的实验环境从语言中受益匪浅，但在实验开始前，它就具备从语言中受益的能力，它拥有这种与生俱来的灵活性。还有哪些物种拥有这种灵活性呢？我们的祖先又是如何发现自己所处的环境能让他们从语言中受益？其他动物的生活与鹦鹉的生活有相似之处吗？这种潜在的语言潜力到底有多广泛？我们将在下一章发现，这也许确实非常普遍。

PART 4
第四章

蹄兔

　　你听说过蹄兔吗？什么，你问蹄兔是啥？蹄兔是一种奇特又鲜为人知的生物，看起来有点像豚鼠和兔子的混合体，在中东和东非地区很常见。不过，别被它们的外表欺骗了，蹄兔既非豚鼠这种啮齿类动物的近亲，也和兔子没什么关系，兔子是兔形类动物，非啮齿类。仔细瞧瞧蹄兔的脚掌就能发现它们和豚鼠、兔子的不同之处：这些小家伙长着粗糙的爪垫和短小的手指，而不是爪子。再加上它们那长长的像獠牙一样的门牙，这些特征都暗示着，蹄兔真正的亲戚是大象！

　　不过，蹄兔的祖先在恐龙灭绝后不久就从大象的家谱上分离出来了。它们在现代可算得上是异类，虽然还没奇特到被认为是"活化石"的地步，但蹄兔保留了一些如今的大多数哺乳动物身上已消失的原始特征。比如，尽管它们和所有的哺乳动物及鸟类一样是温血动物，但它们保持恒定体温的能力有限，必须相互依偎取暖，还得在晨光下晒太阳。这种行为更让人联想到蜥蜴而不是兔子。有一个国家正是以蹄兔的名称命名的。古代的腓尼基航海者到达西班牙所在的伊比利亚半岛后，看到那里到处都是真正的兔子，他们注意到了这些兔子和他们家乡的蹄兔有相似之处，于是把这个新国家命名为Ee-shafania，意为"蹄兔之岛"，在现代希伯来语中，蹄兔仍被称为"shafan"。随着时间的推移，罗马人把这个名称精简为Hispania，即如今的Spain（西班牙）。

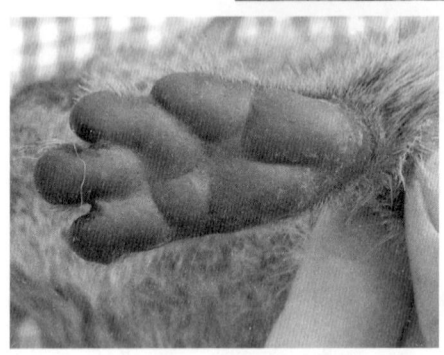

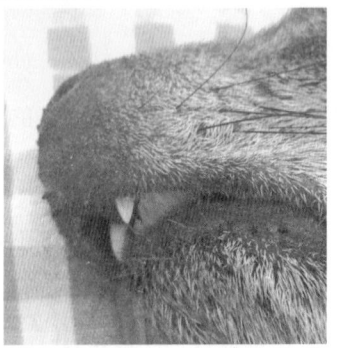

◆ 一对蹄兔，以及它们奇特的大象脚和獠牙状门牙特写。

这些迷人的小动物之所以被我们选中，部分原因是它们能说会道。它们的吠叫声和刺耳的歌声随着奔跑的身躯在中东的巨石山丘中回响。你可能会说，这有什么特别的？许多鸟类的歌声比蹄兔的吠叫声要响亮得多，也复杂得多。不不不，蹄兔之歌引人入胜的地方在于，它似乎具有句法结构。大多数语言学家认为句法结构是真正语言的基础，一系列词语按照句法组成句子，有助于你进行复杂的交流。想想看，如果词语的顺序无关紧要，那么语言会是什么样的呢？句法是我们所知的每种语言的基础，蹄兔的鸣唱也有句法。蹄兔以特殊的方式排列它们的声音，使它们的歌声听起来更和谐、顺耳，就像我们通过正确的顺序排列词语来确保所说的话有意义一样。更重要的是，与大多数鸣禽不同，蹄兔似乎能学习句法并相应地调整歌曲结构。如果句法是语言所必需的，那么学习句法则更是必要。人类婴儿并非天生就知道如何说话，他们必须学习，蹄兔也是如此。

为什么这些奇怪的小型哺乳动物会习得如此复杂的句法？它们有那么多话要说吗？可能确实没有。但句法出现在这么多动物的声音交流中，甚至是不起眼的蹄兔，通过这一事实我们可以推测：句法在动物世界中普遍存在。如果假设几乎所有动物的声音都有句法，那么一些动物是否也有真正的语言呢？

来认识一下蹄兔吧

我在攻读博士学位的四年时间里一直在研究蹄兔，这个充满魅力的生物让我怀念不已。尽管它们臭气熏天、攻击性强，身上长满跳蚤和蜱虫，捕捉它们、给它们戴上无线电项圈是相当不愉快的经历，但它们仍然很有魅力。这些动物身上有着某种原始的特征，蹄兔是一个谱系家族（包括一种体形与河马相当的巨型食草蹄兔）中仅存的三个物种之一。它们保留的另一个特征是相对简单的消化系统，这一点和兔子一样。以前那些有着高效多腔胃的食草哺乳动物在地球上大肆繁殖，爆发式地遍布全球，并淘汰了巨型蹄兔，活下来的小型蹄兔和兔子保留了更简单的消化系统。兔子会对草进行两次消化，将部分消化的粪便重新消化，让它们得以进行第二次分解；而蹄兔在吞咽食物之前会仔细咀嚼，这看起来有点类似牛的反刍。其实，蹄兔和野兔都不会反刍胃内容物。但要消化大量坚硬的食物，如草叶，就需要进行额外加工。蹄兔和兔子的过度咀嚼虽然像"反刍"，但它们不像牛和鹿那样是偶蹄动物。

　　蹄兔也是一种社会性极强的动物。在它们的栖息地，你不用远望就能看到蹄兔群，数十只蹄兔聚集在一起，每只蹄兔都栖息在一块单独的巨石上，就像棋子在巨大的棋盘上一样。实际上，蹄兔并不会合作寻找食物或建造庇护所，但群居对它们来说也是有利的。如前文所说，蹄兔对体温的控制并不完善，这意味着它们必须挤在一起取暖，尤其是在沙漠寒冷的夜晚。而且由于缺乏防御手段，它们很容易受到豺狼和老鹰等捕食者的攻击，所以生活在一个有很多眼睛提防危险的群体中是非常有意义的。

　　在某些方面，现代蹄兔确实可以作为一扇观察哺乳动物演化起源的窗口，因为它们保留了恐龙时代传承下来的特征。虽然它们已经适应了当今世界，而不是被小行星撞击后灭绝了四分之三物种的遍布废墟的地球，但在蹄兔保留的这些古老特征中，它们的交流方式也起源于那个时代吗？

一首炫耀之歌

蹄兔的歌声固然不如夜莺那般优美动听，但也很有趣。鸣唱的蹄兔大多是雄性，而且是在群体中占主导地位的雄性（以下简称为主导雄性）。尽管蹄兔不像兔子那样自己挖洞，但它们会占领遍布中东地区随处可见的巨石堆。犹太传说讲述了这样一个故事：上帝创造地球时派了一位天使带着一麻袋巨石从耶路撒冷出发到全世界，不巧袋子上有一个洞，因此现在中东地区到处都是巨石。每天清晨，蹄兔在阳光晒热的岩石上取暖后，就会小心翼翼地出门觅食。它们主要吃树叶和草。通常，一只蹄兔会站在高岩上放哨，其他同伴一旦听到警告的吠叫声，就都会窜回捕食者难以进入的岩缝中。生活在一个大群体中意味着每个个体都可以轮流担任哨兵，这保证了所有群体成员的安全。我曾见过一只狐狸在一群正进食的蹄兔中徘徊，蹄兔们警惕地看着它，但都没停下进食——只要狐狸处于它们的监视下，就不算真正的危险。因此，如果你是一只蹄兔，那么生活在群体中的你就能拥有一个"取暖系统"和"捕食者预警系统"。但群体生活总会存在某种形式的竞争。当大家都有充足的食物时，交配通常就会成为冲突的根源。大多数情况下，雌性蹄兔会在大群体中受益更多，因为大群体的警戒意味着你的宝宝会更安全。但对于雄性蹄兔来说，繁殖的竞争会变得更激烈。理论上，一只雄性蹄兔可以与所有雌性蹄兔交配。所以如果你是一只雄性蹄兔，最好垄断你周围的雌性，确保你是唯一与它们交配的雄性。雄性蹄兔之间进行着永无止境的统治权争夺战，最终，每个小群体中通常会有一只雄性蹄兔脱颖而出，成为整个群体的龙头老大。

在蹄兔群体中，你一眼就能看到那个占据最高的岩石、身躯庞大、引吭高歌的主导雄性。它居高临下，被雌性蹄兔和未成年的蹄兔簇拥。它唱着歌，并一遍又一遍地大喊大叫。主导雄性每天大部分时间都花在鸣唱上。这是为什么呢？部分原因可能是为了宣告群体领地，但也有证据表明，真正的原因是恐吓其他雄性竞争者，并确立自己的统治地位。毕竟，在中东的荒郊野地上，这堆岩石周围稀疏的植被和那堆岩石周围的没什么两样。领地是不固定的，也很难守卫。像狼一样，蹄兔需要四处奔走才能找到足够的优质食物，但与狼不同的是，它们只吃植物。如果一群狼发现陌生的狼在它们的领地猎杀鹿，就会阻止它。但蹄兔要阻止陌生蹄兔在它们的领地吃草可就困难多了，毕竟这些灌木遍布整个领地。主导雄性会保护它居住的巨石堆不被邻近群体占领，但保护它的食物资源则是徒劳的。因此我们认为，对于雄性蹄兔来说，鸣唱的真正目的是守住它的妻妾，而非那一亩三分地。

维护统治地位的一种方法是战斗。这无疑是一种明确的力量展示，但也相当冒险，比如雄狮就可能为狮群的领导权而战斗至死。有的动物则采取更保守的方式，通过展示实力和恐吓来确立自己的统治地位。比如，一头雄鹿可能有特别大的鹿角，足以吓退其他雄鹿，即使不用大鹿角战斗，也是强大的标志；或者，一只雄鸟可能有特别鲜艳的羽毛，这是展示它健康且丰衣足食的战袍。蹄兔则更喜欢唱一些好听的歌。蹄兔的有些歌曲的难度比较高，而能唱出最威风的歌的雄性蹄兔往往会给潜在竞争对手留下深刻印象。无论你是体型较小的雄性蹄兔，还是经验不足的研究人员，都不想惹这样的家伙。我曾在一只雄性蹄兔锋利如剃刀的獠牙攻击范围内工作，并且高估了麻药的药效。还好当时我戴了一副非常厚的皮手套，免了被送去急诊的尴尬。

雄性蹄兔的鸣唱被动物学家称为"诚实指标"。你可以用各种方式虚张声势、瞒天过海，但鸣唱需要真功夫。要么你有那个本事，要么你就是没戏。更大的肺活量、更精准的声带控制，甚至可能是更聪明的大脑，这些都有助于提高歌曲的质量。如果你能唱一首好歌，最好是一首复杂的歌，那么你一定是个强壮、健康的雄性蹄兔。因此，潜在的挑战者和繁殖期的雌性蹄兔都会密切关注雄性蹄兔的鸣唱。如何给你的竞争对手和潜在伴侣留下深刻印象，这是一门技术。

这跟人类其实是一样的。唱一首复杂的歌比唱简单的歌会受到更多称赞。试想你唱卡拉OK版的《波希米亚狂想曲》给大家留下深刻的印象。总之，研究表明，无论是鸟类还是蹄兔，鸣唱的复杂性都充分反映了动物的健康和能力，也表明了它们对雌性的吸引力。对于蹄兔来说，歌声的复杂程度就相当于雄孔雀的羽毛。

因此，我们现在面对的是一种社会性动物。它们发展社会性的原因很简单，比如保护自己免受捕食者的攻击。同时，蹄兔还有一个需要复杂的交流方式的原因，雄性向雌性展示魅力。除了"快来和我生孩子"之外，它们实际上并没说很多话，但它们说话的方式很复杂。信息的简单性和媒介的复杂性是语言演化的重要基石，即使是发生在蹄兔这种意想不到的动物身上。那么，究竟发生了什么？

尖啸声、嘎嘎声、喷鼻声、喳喳声和啾啾声

蹄兔的歌声非常容易分析，因为它们的"词汇量"非常有限，所以它们的歌声只有几种不同的声音或"音符"。这与狼和海豚形成了鲜明对比，狼和海豚

发出不同种类的鸣哨声和嚎叫声并融合在一起。为了便于区分，我们在研究蹄兔时给它们的五种独特的声音起了一些模糊的描述性名称：尖啸声、嘎嘎声、喷鼻声、喳喳声和啾啾声。我认为这些名称相当形象。

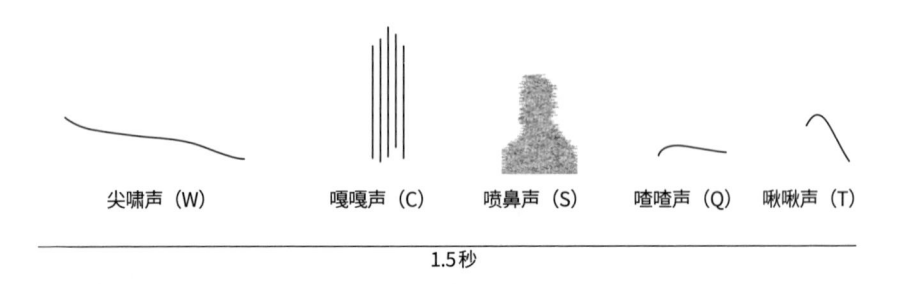

| 尖啸声 (W) | 嘎嘎声 (C) | 喷鼻声 (S) | 喳喳声 (Q) | 啾啾声 (T) |

1.5秒

◆ 这是我在研究蹄兔叫声中发现的五种声音的频谱图。尖啸声（W）是长而缓慢的下降音调；嘎嘎声（C）听起来像一连串快速的敲击声；喷鼻声（S）听起来就是喷鼻声；喳喳声（Q）短促且音调相对稳定；啾啾声（T）的音调则是迅速上升然后下降。

　　蹄兔将这些音调组合成长歌，歌曲大概有30个音，然后稍作休息，再从头开始。对于像我这样的野外研究人员来说，听蹄兔唱歌是种乐趣，但当地居民就会很困扰：一只健康的蹄兔可以连续唱一个多小时，实在让人恼火。很多人都问我："怎么能让它们不唱了？"蹄兔的歌声可高达80分贝，相当于美国听力学会对于闹钟的分贝定义。然而，很少有闹钟比蹄兔发出的刺耳又不和谐声音更烦人。虽然重复的尖啸声和喷鼻声听起来像是混乱的杂音，但实际发生的情况非常有趣：雄性蹄兔几乎从不连着唱完全相同的歌曲。而许多鸣禽在年幼时就学会了鸣唱，然后在余生中重复鸣唱几乎一模一样的歌，直到生命终结。虽然每只鸣禽所唱的歌曲都与同伴略有不同，从而能够让其他鸟有效识别每个领地的主人，但本质上还是只有一首歌。每只鸟的歌曲都只传达一个信息："是我，我在这里。"而蹄兔则是一首接一首地唱不同的歌。理论上，每首歌都可能传达不同的信息，这可能是一种语言……下图显示了两首蹄兔鸣唱的短歌，每首歌仅有14个音。

W S S W S S W Q Q W S S W S
W S Q W S S S T W C S T S S

◆ 两首蹄兔短歌。

你可能在想：如果只能用五个音，那歌曲会很容易重复吧？但事实并非如此。这两个例子只是 5^{14} 种（61亿种）组合中可能出现的两种。而对于完整的30个音的歌曲，几乎有千亿种可能。不过，并不是所有组合都会被使用，因为声音的组合存在物理限制。你肯定有过将pterosaur（翼龙，音标为/ˈterəsɔː/，单词中的p不发音）念成/pˈterəsɔː/的情况，但这其实并不容易。大多数语言都倾向于避免这种舌头打结的发音。但即使有这些限制，你也不需要很多的词就能表达各种各样的信息。如果以人类语言中的句子来类比，蹄兔歌声的每个音都是人类语言的一个词，每首歌曲都是一个句子，那么蹄兔的歌曲长度不需要超过七个音，就足以组成够多的组合来表达托尔斯泰的《战争与和平》中全部约37,000个句子。[1] 因此，将音组合成歌曲，或将词组合成句子，能够包含和传达大量的信息。

拥有创造不同句子的能力并不意味着真正掌握了语言。我们从自己的语言中了解到，句子中重要的不仅仅是词汇，词汇之间的顺序也决定了句子的意义，就像"鱼咬了孩子"显然不同于"孩子咬了鱼"。语言正是因为有了词序才能如此灵活。但是，仅仅因为我们依靠词语顺序来表达含义，就意味着动物也必须使用相同的规则吗？当然不是。有些物种，比如南非的缟獴（一种小型、顽皮的社会性捕食者，很像雪貂）就不关注音的顺序，而只在乎有哪些音。然而，大多数语言学家认为：语法，即词序决定含义的方式，对于语言来说是基本的，甚至是必需的。这种大胆的、以人类为中心的说法的依据是，如果没有语法来确定词序和含义之间的关系，那么似乎很难写出 37,000 个不同的句子。语言学家很难理解，如果没有语法的话，怎么可能存在真正的语言？事实上，当我们学习一门新语言时，关键要素是词语（五种不同的蹄兔音）和语法，即将词语按照一定顺序组合以表达不同含义的方式。学语言主要是学语法[2]。

那么，这是否意味着不关注音序的鸟类和缟獴就不能拥有真正的语言呢？它们的交流系统是否过于死板受限，无法像我们一样展现所拥有的全部交流能力？

从数学的角度来说，情况似乎并非如此。即使忽略音序，你也可以在一首歌中融入大量信息。是的，你只需要几首七音的歌就能写出蹄兔界的《战争与和平》，因为排列音的方式有很多。但即使音序不造成任何含义上的差异，用蹄兔的五种音也能写出托尔斯泰的 37,000 个独特句子。不过，这样效率会低很多，而且句子必须更长才能消除歧义，因为像"所以，你之前从来没注意到过我有多漂亮"和"我一直都不漂亮，你之前注意到了吗"这样的句子，如果词语的顺序没有意义，那么两个句子的意思就是完全相同的。如果蹄兔要在不依赖音序的情况下写《战争与和平》，即如果尖啸声-尖啸声-嘎嘎声与嘎嘎声-尖啸声-尖啸声的意思相同，那么它们需要的是长度为 29 音的歌曲而不是七音的[3]。但你可能会说，29 音的歌曲完全在动物的能力范围内。虽然不依赖词序的系统在理论上是可行的，但有点混乱，它效率低下，而且很容易混淆含义。至少在人类语言中，词序使语言富有秩序。我们可以轻松地发现句子的规律，进而理解其中的含义。

总结一下：目前我们认为复杂的语法才是语言独特性的关键因素，尤其是当你苦兮兮地学习一门新语言时，你会深切地感受到这种复杂性。但是对于拥有丰富多变的歌声的动物（如蹄兔和鸣禽），它们的歌曲可能包含复杂的信息，也可能不包含，这些信息可能依赖音序，也可能不依赖。我们不知道这些动物的歌声是否遵循"语法"。就算没有语法、词序毫无意义，我们肯定也能写出含义丰富的复杂句子。但科学家和语言学家，甚至很多没有专业背景的人，仍过分讲究地将它们视为语言的重要标志。我们有什么方法可以确定动物的交流中到底有没有语法，如果有，那么为什么会有呢？

蹄兔鸣唱时会掷骰子吗

这些语言学理论或许听起来让人摸不着头脑，却与动物大脑的运作方式息息相关：动物大脑的演化让它们能够感知外界环境并控制自己的身体。沟通塑造了大脑的演化过程，但这一过程仍然遵循着自然规律，使大脑的复杂度与沟通需求匹配：既满足了动物的沟通需求，又不会过于复杂。然而，大脑的运作需要许多能量，在某些情况下可能异常脆弱，同时还占据了身体相当大的部分，尤其是对人类来说。在自然规律的约束下，大脑这种简单性和复杂性之间的平衡决定了动物的沟通方式，一些物种的大脑演化为它们无须考虑音序就能沟通，而另一些物种则演化为需要考虑音序的沟通方式。当山雀这样的小鸟远远看到捕食者时，它们会发出"seet"的叫声；而当捕食者接近时，它们则会发出类似停车传感器警报声的"seet、seet、seet"声，整段信息的含义（即捕食者的威胁有多大）

完全取决于警报声的重复次数，传达机制和信息含义本身一样简单。即便是蹄兔这样有着复杂歌声的动物，它们在适当的时机也会采取简单的呼叫。警报声不能太复杂，因为这需要对方一听就懂，还能给出即时明确的回应。虽然你一只手就能抓住这种小动物，但当20多只蹄兔在听到警报后冲向你时，你仍会感到恐慌。"我们上！干死他"这一信息简单有效，因此比起更常见的雄性蹄兔展示性歌声，其警报声显然与山雀的警报声拥有更多共同之处。

近半个世纪来，我们知道，灰蓝山雀等雄性鸣禽的歌声种类越多，雌鸟就越有可能选择与它们交配。但雌鸟并不关心雄鸟歌曲组合的复杂程度，雄鸟只需以量取胜。但是，当我想要像《战争与和平》那样深入详细地解释拿破仑入侵俄罗斯对俄罗斯贵族的影响时，简单的机制就不管用了。这时词语的顺序对于增加信息量就显得至关重要。这也意味着，科学家可以通过观察词语的组合与顺序是否重要来判断其中可能包含了多少信息量。

◆ 被一群野生蹄兔围攻可不是闹着玩儿的。它们的警报声虽简单，却能引得蹄兔群蜂拥而至，对毫无防备的捕食者发动猛烈攻击。在这张照片中，我就是这个倒霉蛋。

我们知道，蹄兔能够鸣唱出许多不同的歌曲：如果不考虑音序的话，它们的鸣唱有成千上万种；但如果考虑音序，它们的鸣唱则多达几十亿种。这听上去可能让人觉得蹄兔有无限多的大信息量歌曲可以选择，但事实上它们远没有充分利用所有可能的音序。虽然同样的歌曲很少完全重复出现，但这并不意味着蹄兔的鸣唱是完全随机的。这一点在短歌中尤为明显：含五个音的歌曲大约有3000首，但如果你全部听过，就会发现其中有约1000首相当耳熟。而这也告诉了我们一个重要事实：蹄兔并不是随机鸣唱的。如果它们只是随机决定下一个音要唱什么，那么我们能够观察到的蹄兔歌曲种类将比现在多得多，重复的短歌也将屈指可数。这也意味着蹄兔的鸣唱遵循某种顺序和结构，就像音乐家不会随机组合音符一样。有些机制约束着它们如何鸣唱，我们将这些东西称为"句法"。

许多物种的交流都明确呈现出这种"句法"，如椋鸟、夜莺、领航鲸、蝙蝠等。句法存在的范围非常广泛，它更像是一个普遍规则，而不是某些物种的专属规则。但是，这与我之前的陈述又有什么关系呢？如果每个音的顺序都是有意义的，即存在句法，那么它可能意味着歌曲中包含了大量信息。但是每个物种都在讲述托尔斯泰的复杂故事似乎不太可能，因此，虽然句法的存在可能是认定语言的一个必要条件，但并非所有具备此结构的沟通系统都可以称为语言。

那么，为什么句法如此普遍呢？为了回答这个问题，我必须更严谨地描述一下句法是什么。首先，想象你手里有一个标有"尖啸声""嘎嘎声""喷鼻声""喳喳声"和"啾啾声"的五面骰子。你一遍又一遍地在脑海中掷这个骰子，决定下一次要唱哪个音。如果这个骰子是"公平"的，即每个面落下的可能性相等，那么你唱出某个音的概率就是五分之一。然而这种情况在现实中很少发生，有些音会因其更难唱而用得很少。因此，我们假设这个骰子是"不公平"的，也就是说，你更有可能唱出简单的啾啾声而非喷鼻声。事实上，蹄兔发出喷鼻声比发出其他音更困难，发出这种声音的极有可能是一只强势的主导雄性而非一只毛头菜鸟。不过，若你要做的只是一遍遍地掷骰子，那你鸣唱的内容并不会受太多限制。鸣唱或许会以尖啸声开头，也可能以嘎嘎声开头。如果你刚发出的是喳喳声，那么唱出第二个喳喳声的概率和以喳喳声开头的概率并无二致。你所唱的音类型并不受先前出现的一个或几个音的影响，这就是我们所说的随机鸣唱和句法缺失。

如果句法存在，那么你唱出的下一个音确实会与之前的音有关。这种相关性可以以不同的方式体现，也就是说有不同类型的句子结构。分析动物的歌曲是否具有随机性或某种句法结构是相对容易的。

	我想要续上一个音……				
	尖啸声	嘎嘎声	喷鼻声	啾啾声	喳喳声
如果我以……开始 尖啸声	10%	21%	45%	14%	9%
嘎嘎声	7%	24%	45%	16%	8%
喷鼻声	6%	11%	63%	9%	10%
啾啾声	9%	20%	22%	37%	12%
喳喳声	8%	12%	33%	18%	29%

◆ 蹄兔的句法。

从上表可以看出，蹄兔在发出尖啸声后很有可能会发出喷鼻声（45%的可能性），但尖啸声很少会接在喷鼻声后（6%的可能性）。所以，蹄兔唱出的每一个音确实会和上一个音有关联。它们并不是用掷骰子决定如何鸣唱的。

动物可以通过如此复杂的规则决定它们每个音的顺序，这是否令人惊讶？

我们是否可以认为，因为句法在动物交流中普遍存在，所以信息和语言也具有这样的普遍性？这两个问题的答案都是否定的。实际上，如果第一个问题的答案是否定的，那么第二个问题的答案很可能也是否定的。如果句法普遍存在于动物交流中，那我们就不能因为有句法而认为动物拥有复杂的类似语言的能力，当然，我们并不排除这种可能性。

句法如此常见的原因始于大脑。大脑是优秀的模式生成器：我们的大脑可以依据规律、重复的模式驱动双腿行走、翅膀振动，以及维持肺部呼吸和心脏跳动。持续性的模式重复是所有生物身体运作的基础。因此，动物经常一遍遍地发出相同的声音并不奇怪。如果你常常发出重复的声音，那么随机的音序绝非常态，你发出的音一定会受到前一个音的影响，这正是我们在动物世界中发现的情况。几年前，我和同事证明了句法在各种动物的交流中存在的可能性，并且发现它似乎与重复的倾向密切相关。尽管我们无法证明动物对使用重复音节的倾向性导致句法出现是一种演化趋势，但这是个很好的假设。当然，重复的普遍性解释了为什么我们在如此多的物种中都看到了句法结构。

蹄兔的音乐课

除了拥有复杂的歌声和非随机的句法外，蹄兔还有一个秘密武器：学习句法的能力。在动物界中，这确实罕见。为什么蹄兔会具备这种让人意想不到的技能呢？

动物交流的另一个耳熟能详的例子是鸣禽。如果你住在北欧，就算你分不出欧亚鸲和乌鸫，你肯定也对它们的叫声相当熟悉。欧亚鸲和乌鸫的叫声复杂而混乱，但另一种欧洲鸟类，苍头燕雀的歌声就严谨统一多了。年轻的雄性苍头燕雀在刚出生的第一年会从周围其他雄性鸟类那里学习如何鸣唱。可如果一只苍头燕雀在成长过程中完全与同种鸟类的叫声隔绝，比如被单独关在笼子里，它的歌声就会非常糟糕，完全配不上它那能够唱出超绝歌声的种族天赋。反之，一旦苍头燕雀学会唱歌，它的歌声将就此定型，就算它每天都能听到更动听的歌声也不会改变。像歌带鹀这样的北美鸟类也是如此。许多鸣禽年幼时经历这个关键的学习阶段之后，就不会再学习新的歌曲了。对于这些物种来说，尽管雄鸟要通过其歌声的复杂性和精确度来展示自身能力，但也只是一招鲜，因为它们终生只能唱一首歌。不过，并非所有的鸟类都会受到这种限制。像嘲鸫就是开放式学习者，它们可以在任何时候学习和模仿其他鸟的鸣唱，这造就了它们千变万化的歌声。但即使是一生只唱一首歌的鸟类，也是通过模仿周围的动物来学习的。周围的鸟这么唱，它也跟着这么唱，再加上一点个体创新。这意味着同一地区的鸟类歌声也差不多，异乡的鸟类歌声就会不一样，从而形成不同的鸟类鸣唱方言。

　　学习导致了不同地域鸟类歌声的变异和方言的形成，但是这并不需要鸟类懂得句法。其实不管你有没有注意到句法，结果都是一样的：当听到有人哼一首好听的曲调时，我可以轻松地模仿出来，但我并不是音乐家，对作曲者如何创作一无所知，我自己也不会根据乐理作曲。说实话，在我儿子本吉开始学爵士钢琴之前，我都不知道"五度循环"这样的乐理知识。

　　我就像一只苍头燕雀，不知如何创作，只会对着别人的东西照猫画虎。但有些物种就像本吉一样，能够发现歌曲中的句法并模仿它，蹄兔就是这样的动物。但蹄兔能做到的远远不止有样学样，它们还会改编发现的句法。邻居总是发出尖啸声后跟着一个喷鼻声？那也许我们应该做同样的事情，只是偶尔用啾啾声代替喷鼻声。我们发现，领地相近的蹄兔群体有相似的句法，而领地距离越远，它们之间的句法差异也越明显。在加利利海附近，有一条长长的狭窄峡谷，峡谷里到处都是蹄兔。每个族群都占据着一堆巨石，主导雄性则站在巨石上引吭高歌。蹄兔巢穴密集分布在这条狭窄的峡谷中，3000米内就有13个巢穴。如果你走在这条沙漠小径上，你就能听出不同族群的蹄兔歌声的异同：从一个岩石堆到

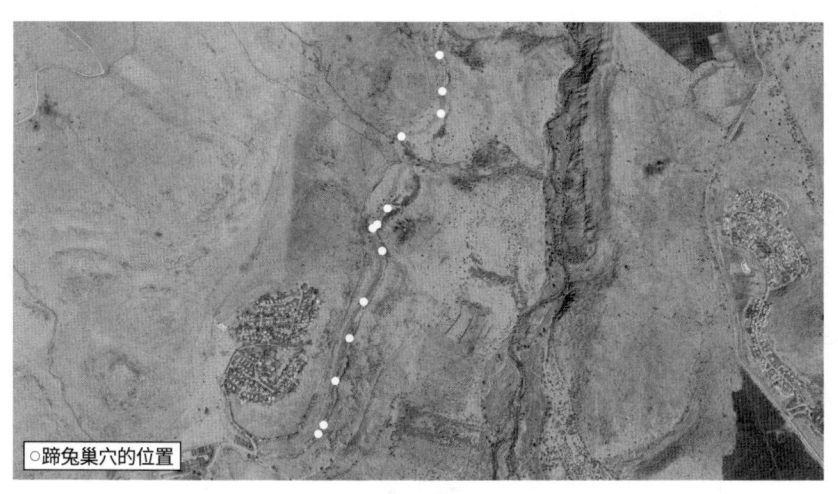

○蹄兔巢穴的位置

◆ 这条峡谷里的每只蹄兔都在模仿邻居的歌声句法。这比模仿整首歌简单多了。

另一个岩石堆，蹄兔群落之间的句法结构大同小异，每个主导雄性都在模仿邻居的句法。

这个现象乍看之下很奇特：为什么蹄兔如此注重邻居的句法，而非歌曲本身呢？毕竟简单地模仿歌曲不需要大脑复杂到模仿实际句法，从演化的角度来看会更简单有效。但我认为这背后的原理其实很简单：蹄兔的歌曲长而多变，比起掌握歌曲的创作规则来鸣唱一首"对的歌"，理解别人唱的全曲并背诵其实更难，就像爵士乐手通过识别和应用乐理即兴演奏一样。演化其实一如既往地选择了一种更简单有效的解决方案，也为动物间复杂的沟通开辟了新的可能性。一旦你理解了句法，你就能利用它编码所要传达的信息。

这些有着复杂沟通系统的动物会运用不同的音和音序组合交流，但这些序列与组合并非随机生成，而是受到一定的结构和规则约束。它们会互相之间学习这些结构与规则，从表面上看，这些规则和约束在一定程度上限制了交流，但学会这些约束、规则和结构实际上为进一步的沟通提供了基础，正是它们让句法有了意义。

那么，意义何在？

是什么让鸟类和蹄兔的歌声变得有意义？这个问题我们至今无法解答。原因之一是我们对动物交流意义的研究才刚起步，其丰富程度远超我们想象；还有一部分原因是动物的歌声可能存在多种不同层面的意义。比如，蹄兔能够发出喷鼻声，或者一口气唱出一长串的嘎嘎声，这其实就是在说："瞧，哥威猛强壮，因为我能发出其他蹄兔发不出的很牛的声音。"这种情况远没有句法那么复杂，其含义只基于特定音的使用次数，与这些音的顺序无关。我们知道，句法必然存在，因为音序并不是随机的。这是否意味着蹄兔或其他动物的句法也有一定含义呢？或者这些句法只是对信息毫无意义的干扰？

实际上，很多证据表明，包括蹄兔在内的许多动物都会利用句法传递信息，就像它们会利用重复的音一样。比如，我们的研究发现，蹄兔在同伴面前的鸣唱会更加复杂，会用更严格的句法规则。简而言之，如果一只雄性蹄兔只是自言自语，那么它的鸣唱就相对简单，但如果有很多雌性蹄兔听它唱歌，它就会拼命地唱出引人注目、复杂华丽的歌曲。当然，这并不意味着蹄兔明白自己为什么要唱复杂的歌，也不一定意味着它们故意让自己的歌曲更吸引人。辨别动物是否有意做某事是非常困难的，一些人甚至质疑这种意图的存在。"有意图"不意味着"有意义"，比如雄孔雀的鲜艳尾羽有向雌孔雀传达"我孔武有力"这一意义，但雄孔雀或许从未留意过它的羽毛有多美丽。意义之所以重要，在于它能够产生影响，比如雄孔雀尾羽越美丽就意味着这只雄性孔雀越有可能获得雌性孔雀的芳心。虽然在实践中衡量不同类型的句法产生的效果并不容易，但当我们看到蹄兔根据社会环境、鸣唱者的社会地位和听众类型来改变它们的句法时，我们确信这种句子结构具有某种意义。

那么，句法中究竟蕴含着什么意义呢？答案显而易见：意义在于歌声的复杂性。鸟类的歌声越复杂，就越能吸引配偶。蹄兔对邻居越恼怒，就越要唱出更复杂的歌曲来威吓它们。复杂性是强壮的体现：极乐鸟羽毛的复杂色彩表明身体健康，而鸣唱如《波希米亚狂想曲》一样华丽的歌曲则表明这只鸟强壮威猛。显然，完成复杂的东西比简单的东西更难，因此复杂性是一种诚实指标：能力是无法伪造的，除非某人真的会这个技能。但是复杂性究竟是什么呢？找到一个大家公认的定义并不容易。如果一只蹄兔在脑海中掷一个五面的骰子，这并不算复杂。如果蹄兔总是做同样的事情，比如总是在尖啸声后跟着喳喳声，那也不算复杂。复杂性的定义介于两者之间：既不是完全随心所欲，也不是完全刻板重复的。幸而，这是一个容易测量的统计学特征，而我们的蹄兔研究以及许多关于鸟鸣的研究所揭示的结果，正是句法的意义在于复杂性，而非随机性。

但涉及人类语言时，复杂性显然不是唯一的意义。我们以复杂的语法传递信息，但光是"更复杂"与"更简单"并不能充分讨论上层社会的复杂情节和可疑风俗。但句法的复杂度谱系确实告诉我们一个极其重要的事实：交流中的复杂性可能是为了传递信息中各种各样的含义。只会简单呼叫的动物只能表达一件事，而复杂的歌曲能表达更多信息，这很可能是语法和句法的演化起源。动物的句法为人类的语法打下基础：我们能从中认识到语言的本质。但动物的句法并不等同于语法，它们的结构不一样，作用也不一样。动物使用句法来传递信息，但不是为了传递复杂的信息。人类将语法的复杂性改进、扩展和延伸，以便能够涵盖更广泛的意义范围。

语言对不同的人来说含义不同。有像计算机语言这样由人类设计而非自行演化而来的语言，也有很多理论将语言的概念扩展到涵盖一般的算法语言。还有像你在学校被迫学习的语言课，你不得不背下来的那些单词。当我们在这本书中谈论"语言"这一概念时，我指的是一般的自然语言，即通过自然选择演化而来的语言。这很重要，因为语言进入自然演化的前提条件是必须能够为生物提供实在的好处，即有助于生物繁殖并将其特征传递给后代。

语言的起源是如何逐步演变的？这一问题困扰了不少试图准确理解人类语言演化的人。我们拥有复杂的语法，通过精确排列词汇来传达差异微妙的意义；而动物似乎没有类似的系统。动物只能让它们的歌曲变得更复杂或更简单。那么，在动物世界中所观察到的情况和我们理解的语言之间究竟发生了什么呢？简单的动物句法是如何逐渐演变成我们理解的语言的呢？

这些问题我们无法准确回答。语言不会形成化石，所以我们从未见过语言演化的中间体，我们只能根据所了解的演化规则，探讨那些可能性和合理性。我们知道句法普遍存在，它们在动物的交流中几乎无处不在。动物大脑能够区分词序的差异，即便这些差异很少具有实际意义。不过，这些差异也不需要有任何意义，因为对差异的感知和对句法的理解本身就有用，动物能借此区分出嘹亮的歌声和普通的歌声。而我们的祖先以某种方式完善了这种能力，让信息变得更清晰、精确、具体，也许是特定的词序组合变成固定短语并具有了意义。一旦这些古老的原始人类语言中积累了足够多这样的短语，那么能够理解这些短语模式的大脑就会有明显的优势。也许从那时起，我们真正的语言能力就产生了。蹄兔是一种奇怪的动物，它并不完全是活化石，但它告诉我们，动物的句法可能是相当古老的基础技能。更重要的是，这种小动物甚至都不能完全消化草叶，却能利用句法交流，并通过复杂的交流传递信息。这些信息可能已经在各种动物之间传播了很长一段时间，大概是从动物可以发出声音的时候开始的。而我们的祖先只是利用了这种能力。

仅仅猜测还不够，我们需要切实的研究。没有语言化石，我们又如何继续探究其起源呢？一种可能是回到语言真正发展之前的时代，看看那些生活不太复杂的动物经历了什么，它们从不需要将简单句法转化为可表达复杂概念的语法规则。那些动物是谁，它们和我们会说话的祖先有何不同，它们的后代又变成了什么样？是时候研究那些被误解的动物了，它们的祖先选择了与我们稍微不同的道路。我们是猿类，会说话的猿类。那些从未演化出语言的猿类又是怎样的呢？

PART 5
第五章

‹ 长臂猿 ›

越南的偏远地区坐落着一个遍布稻田和小村庄的宜人山谷，山谷两侧耸立着险峻的山峰，上面被浓密的植被覆盖着。这些山峰形成了一道道几乎难以逾越的屏障，但我们必须穿越它才能找到此行的目标——罕见的东黑冠长臂猿。我们攀登第一道陡峭的斜坡时，感觉就像走进了《指环王》中的魔多。经过几个小时的攀爬和滑降，我们到达了一处几乎与世隔绝的秘境。从熙熙攘攘、人潮涌动的河内市出发到达这个山谷只需一天的时间，这里就像一个失落的国度，只有星空中人造卫星的轨迹在提醒你，你仍然身处21世纪，想在下一棵树旁遇到恐龙是不可能的。但也许会有些别的奇遇：在这片我所见过的最偏僻的栖息地中，人们在20年前发现了一种被认为已经绝迹超过百年的动物。清晨五点，当我还在吊床上翻身时，一个怪异而神秘的声音就穿透了丛林。雄性长臂猿的叫声在树丛中回荡："Caaaao vit, Cao vit vit。"很快，更多声音汇聚在一起，然后是一阵突然的颤音、呜咽声，那是雌性长臂猿的回应。透过树叶，我看到了酷似人类的毛茸茸的身影——它们有着夸张的手臂长度，在树冠间荡来荡去。这是非常奇特的经历。在峻岭幽谷环绕之地，长臂猿在彼此交谈。但它们在说些什么呢？

◆ 东黑冠长臂猿。

"我认为，语言的起源无疑要归功于对各种自然、动物声音的模仿和修改，以及在此过程中手势和符号的帮助……人类的先祖开始使用他们的声音时，很有可能是为了唱歌，正如今天某些长臂猿所做的那样。"

查尔斯·达尔文，《人类的由来》（1871年）

认识猿类

　　人也是猿类，是没有尾巴的灵长类动物。在今天的世界里，这些特殊的生物除了我们，还有黑猩猩、倭黑猩猩、大猩猩、红毛猩猩以及大约20种长臂猿。长臂猿与我们的亲缘关系最为疏远：大约在2000万年前，人类与长臂猿走上了不同的演化道路，与黑猩猩则在600万年前仍属于同一个家族。然而，如今存活的所有猿类中，只有人类和长臂猿使用复杂的声音交流。尽管黑猩猩拥有类似人类的智力，但它们的发声信号范围非常有限。相比之下，某些种类的长臂猿，如白掌长臂猿，它们的声音多样，声音的组合方式复杂，看起来像在用人类的另一种语言交流，真是特别的生物。作为一群聪明的无尾猴，整个猿类家族都已经演化出几乎超越所有动物群体的复杂认知，并且发展出了复杂的交流方式，例如人类和长臂猿的交流。那么，为什么会出现猿类，人类又是从哪里来的呢？

　　我们从大本营出发，艰难地爬上了一个45度的斜坡，斜坡上岩石嶙峋、竹林丛生、青苔湿滑，我们几乎手脚并用才攀至山顶。那里有我们早就放置好的一套录音设备，用来监测东黑冠长臂猿的叫声。我们穿过竹林中的缝隙登上了一片没有植被的岩石高地，放眼望去，一片绝美景色：绵延数千米的山脉陡峭而呈三角形，其上覆盖着浓密的森林。这不禁让人产生一种错觉，仿佛我们正身处一个丛林星球。实际上，这正是2000万年前地球的模样：从这片广袤大陆的东部海岸到栖息着多样生物的非洲，无处不覆盖着茂密的丛林。在几千千米外的遥远非洲，一场新的演化实验正在上演。这里的猴子在树枝间奔跑时不再用长尾巴保持平衡，而选择挂在树枝上摆动手臂，从而轻松快速地从一棵树荡到另一棵树上。它们特别适应这片大陆上的茂密丛林，然后冲出非洲、穿越中亚，进入中国和远东地区，它们一代代地演化、改变，不断适应所处的环境。我们坐在D2观察站下方的岩石高地上，几乎可以想象这些古老的长臂猿在树间荡着秋千，轻松地沿着山脊前进，可能只需几代人的时间就能跨越亚非大陆。只有当你在丛林中艰难前行时，你才会真正理解猿猴长臂的高效。

◆ 越南的这种丛林曾经覆盖了亚欧大陆的大部分地区。

在猿类演化的早期，长臂猿遍布亚欧大陆，并很好地适应了丛林生活。就像我们在第三章认识的灰鹦鹉一样，长臂猿主要以水果为食，它们需要在树上寻找恰好成熟的水果，若是没有惊人的认知技能可做不到这一点：它们得具备良好的记忆力，以回忆哪些树在自己的领地内，哪些树上的果子最近成熟了，哪些还未成熟。长臂猿群体一般由一只经验丰富的雌性领导，它对如何在领地内觅食，以及如何找到并获取最好的食物了如指掌。灵长类动物，尤其是猿类的繁盛，依靠的正是它们的聪明才智：它们会使用良好的视力、充满智慧的大脑和灵巧的手指来探索、思考乃至控制周围的环境。这些认知能力本身就令人印象深刻，但对我们来说，它们更吸引人的作用在于为复杂的交流奠定了基础。如果你拥有一个聪明的大脑，你就可以用它来说话，当然，前提是说话对你的演化有利。

长臂猿的音乐

在现存的大约20种长臂猿中，最知名和最受学者欢迎的是白掌长臂猿。尽管在非专业人士看来，所有长臂猿都长得差不多，都是长臂无尾猴，但白掌长臂猿和东黑冠长臂猿的亲缘关系就像人类与大猩猩一样：这两种长臂猿的共同祖先可以追溯到约850万年前。而且，就像人类和大猩猩一样，它们仍然有许多共同特征。所有长臂猿都能用它们的长臂在树间晃悠着寻找水果，所有长臂猿都会唱歌。然而，白掌长臂猿的叫声是所有猿类中最复杂的。黎明时分，成年雌性白掌长臂猿及其伴侣会共同演唱最华丽的歌声，就像东黑冠长臂猿那穿透越南丛林清晨的薄雾而来、扣人心弦且萦绕不绝的啼鸣一样。白掌长臂猿的歌声可能有至少两个目的。与其他动物一样，长臂猿的歌声可以用来宣称领地权：鸟儿鸣叫是为了宣告这棵树或这片田地属于它们；狼嚎是为了宣告它们的存在并警告其他狼群远离。因此，长臂猿的歌声有相似的作用也不足为奇，唱歌在一定程度上能够向其他邻近的长臂猿群体宣告它们的存在。丛林中有很多果树，是极为珍贵的食物资源，能够独占一片林子的族群明显要胜过没有固定领地的族群。

长臂猿歌声的第二个作用是加强伴侣间的情感纽带。每天早上醒来的第一件事，就是和你的伴侣一起"歌颂爱情"，听上去是不是很浪漫？尽管这只是拟人化的比喻，但它无疑描述出了长臂猿二重唱的核心作用：这种行为能不断巩固伴侣之间的联系，以确保它们继续为家族的福祉而努力。合唱得越好的伴侣，合作也越默契，比如一起寻找食物、抚养幼崽和保卫领地。一段精心排练且和谐的合唱还能向附近的长臂猿宣告，这里有一对天造地设的眷侣：毕竟，四处游荡的独行侠们，无论是雄性还是雌性，总是在寻找机会勾引对当前伴侣不满的个体。正如我在前几章指出的，复杂的交流往往只是传达复杂性本身：如果我和我的伴侣能一起来一段精妙的对唱，这显然表明我们总是一同练习、如胶似漆，没有第三者插足的空间。

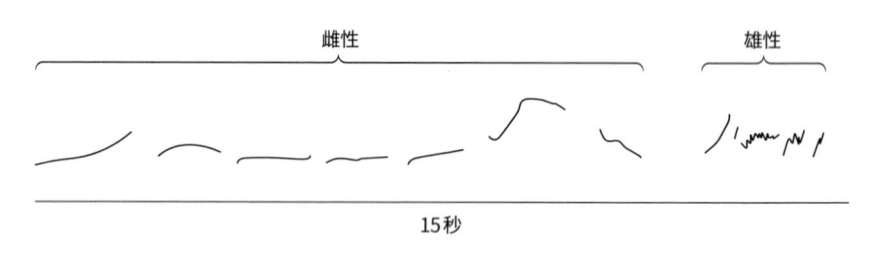

◆ 一对雌雄白掌长臂猿的二重唱[1]。

达尔文将长臂猿的二重唱与人类的歌唱直接关联起来，甚至明确地给予它们相同的名称，并暗示它们具有相同的作用："歌唱产生音乐节奏，正如当今某些长臂猿所做的。"但这两者是否仅仅是一种表面上的相似？也许，达尔文对这些响亮且复杂的歌声产生敬畏的同时，仅仅觉得它们比斑马的嘶鸣或蜥蜴的嘶嘶声具有更多意义。然而，达尔文对不同动物的声音和信号的作用也有着非凡的洞察力。他指出，雄鸟歌唱是为了吸引雌鸟，雄性长臂猿歌唱也是为了吸引雌性长臂猿，但他同时注意到，雌性长臂猿也会唱歌。在某些动物中，求偶行为是一个双向选择的过程，雄性和雌性都会努力获取对方的芳心。这种情况主要存在于一夫一妻制的鸟类，如天鹅和信天翁等。这很好理解：如果雄性仅仅追求"一夜风流"就迅速转换下一个目标，那么它就可以降低自己的标准；但如果一对夫妻选择合作抚养后代，甚至可能要共度许多年以确保其后代顺利成长并最终成活，那么选择合适的伴侣至关重要。长臂猿的择偶情况正是如此。在此借用达尔文《人类的由来》中的一段话："音乐影响每一种情感，但它本身不会引起愤怒、恐怖等可怕的情感，它唤醒的是温柔和爱，这些情感很容易转化为奉献。"

如今，一起唱歌的长臂猿还肩负着一项重要任务。雄性长臂猿和雌性长臂猿不仅仅要展示它们之间的联系，还要借由不断重申其存在而加强联系。除此以外，幼崽也要跟着父母学习唱歌，学习如何赢得伴侣的青睐，从而学会如何与伴侣建立并维持关系，以共同养育后代。女儿会与母亲一起唱歌，主动模仿母亲的复杂歌曲并磨炼自己的唱功。鸟类学习歌曲时就被动多了：当年轻的雄鸟尝试模仿周围同类的歌声时，它们一开始往往只会叽叽喳喳地乱唱，成年鸟类并不会直接教它们。相比之下，长臂猿母亲则会主动调整歌声以方便女儿学习，比如调整音调和节奏，直到女儿能准确地跟上自己。这相当了不起，而且这意味着保持精准对雌性的歌声相当重要。

即使在达尔文辞世140多年后的今天，科学家仍相信歌唱是人类语言演化的关键。我们的祖先是何时以及如何开始使用象征性语言交流的，我们不得而知。但要能够造词且大声说出来，他们需要很好地控制发声器官：要能够发出各种各样的声音。只要留心便可发现，人类能够说出的词汇远比实际存在的要多得多。这些声音被称为伪词，它们看起来就像正常的词汇，只是没有实际意义。有许多网站可以随机生成伪词，比如以下示例：Tran、Forme、Gestinct、Wicher、Lation等，这些伪词和一些英语单词长得很像，但完全没有意义。一个类似但更有趣的应用是生成玄幻名字，通常被《龙与地下城》等角色扮演游戏的玩家使用，比如 Larongar Orinan、Alre Dorhorn、Ornthalas Ralokrana 和 Filarion Cralar。关键在于语言的规则只规定了哪些音可以组合在一起，哪些音不能组合在一起，这样组合出来的声音可能有一些意义，也可能完全没有。我们也可以编造出一些不合规但容易辨别的组合，比如 thwuivvs、phlurnts、shrougnth。人类是如何产生如此令人眼花缭乱的声音组合的呢？即使我们的语言如此丰富，也没有发展出足够的词汇来利用所有的声音组合。也许歌唱可以回答这个问题。我们的祖先演化出如此广泛的发声能力或许是为了歌唱，而不是为了造一些《龙与地下城》的玩家角色名。因为拥有宽广的音域，包括能够对你的伴侣唱歌，所以只要稍作调整，你就可以开口说话，如果这真的是发生在我们祖先身上的事情，那么其他灵长类动物的歌唱行为就不仅仅是一个遥远丛林中奇特物种的怪异行为，开口唱歌可能是开口说话的基础。

但这个奇思妙想存在一个问题：长臂猿和人类会唱歌，但我们其他的近亲——黑猩猩、倭黑猩猩、大猩猩和红毛猩猩却不会。虽然我们对人类、黑猩猩和倭黑猩猩600万年前的共同祖先所知甚少，但我们确信它们不会唱歌。很有可能人类和长臂猿的祖先在演化过程中都各自演化出了歌唱能力，以及语言所需的发声技巧。尽管不能武断地说长臂猿的歌唱就是人类语言的前身，但在过去的2000万年中，两支猿类都独立演化出了歌唱能力，这种精确控制发声系统的能力对于演化来说的确不是一个难题。

复杂性：一种特别惊人的潜能

尽管长臂猿的歌声非常吸引人，但相对于我们前几章讨论的其他物种，它们的歌声本身并不特别。正如我们在第四章中提到的，蹄兔也通过歌唱来宣示领地权，且会使用复杂的音和音序组合成歌曲。然而，长臂猿的歌声与蹄兔的歌声显著不同。事实上，我们感兴趣的正是这种差异所代表的跃进：从蹄兔曲目较少、结构松散的鸣唱，到白掌长臂猿令人印象深刻的歌唱能力的跃进。许多动物

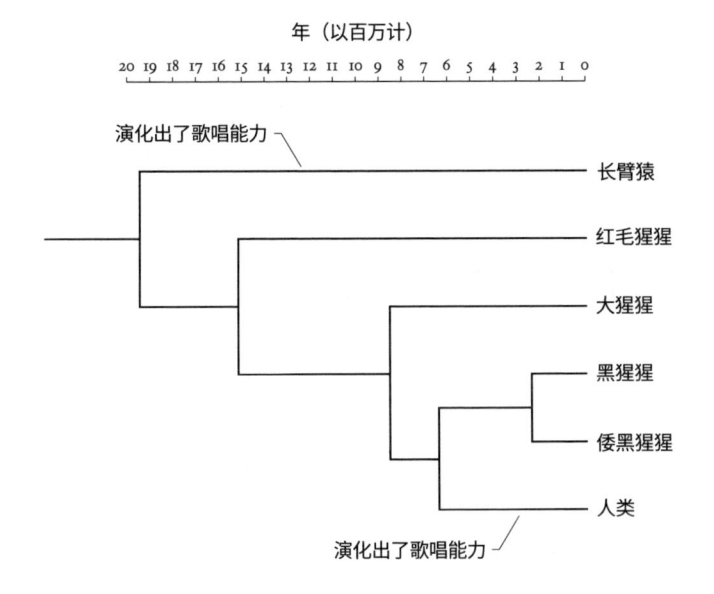

◆ 灵长类动物的演化家族树显示，大多数猿类不会唱歌，但长臂猿和人类会。因此，歌唱能力很可能在两个不同的谱系中分别演化了一次。

都会唱歌，许多动物的歌曲都遵循某种句法。这些潜能是如何变成语言的，其中有没有我们尚未发现的重要步骤？

　　首先，白掌长臂猿的曲库异常庞大。早期研究者将他们听到的长臂猿的叫声分为六种不同的类型，但在计算机将声音分解为数百种不同的频谱成分后，这种更复杂的分析将长臂猿的叫声分为27种不同的类型。仔细听长臂猿发出的各种声音，我们能够明显发现它们的声音变化范围很大：如果蹄兔能够用五音序列组合出3000首不同的歌曲，那么长臂猿就可以唱出差不多150万首不同的歌曲。其次，长臂猿不唱五音短歌——它们的歌曲最多可以包含三四百个音。27^{300}这个数字太大了，我的电脑无法计算，结果大概是一个1后面跟着430个0。这到底有什么意义呢？显然，动物没那么多信息要传递。我在第四章提出了一个观点，即复杂的信号不一定是为了传达复杂的信息，复杂性本身就是信息："看看我唱的歌多复杂，我就是如此英武强壮。"虽然包含数十个音的蹄兔歌曲也许能够传达复杂性，但用数百个音的歌曲来展示复杂性似乎太夸张了。毕竟，当你唱到结尾时，听众说不定已经忘记你的开头有多

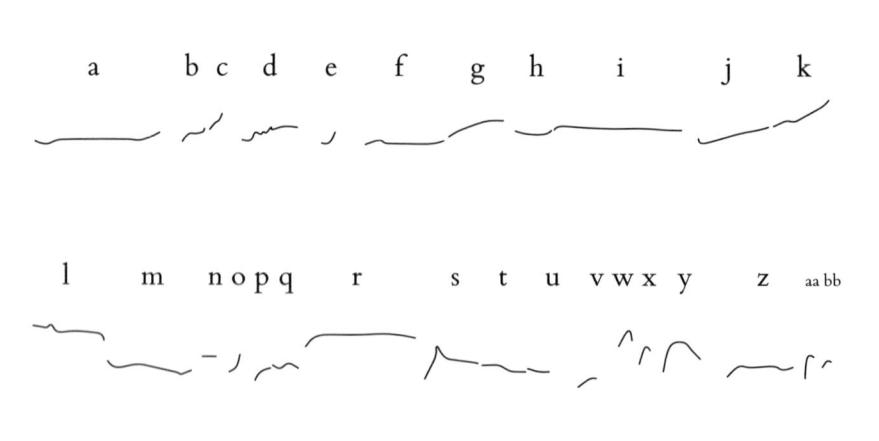

◆　由机器学习算法所识别出的白掌长臂猿的27种啼鸣。[2]

华丽了!

从演化的角度来看,这确实是一个难题。为什么动物会投入这么多能量,并投入这么多脑力去构思如此复杂的歌曲呢?这样长且复杂的歌曲能为它们提供什么具体优势呢?

我最爱的一部音乐作品是莫扎特的《第21号钢琴协奏曲》的第二乐章,这部作品在不到六分钟的时间里用了2000多个音符,没人认为这些音符中有哪些是冗余的。我们不会因为被五分钟之后的终章感动,就忘记五分钟前开头乐段的华丽。作为人类,我们当然能够理解这样一部作品和我们有什么关联,并且可以很容易接受一部2000个音符的音乐作品与另一部2000个音符的作品对我们有不同的影响。虽然长臂猿缺乏人类拥有的一些认知工具,但它们能否为自己的复杂作品赋予一些含义,或是有一些意义?显然,音乐不是语言,我也从未在这本书中将它定义为语言。尽管音乐中的信息似乎变幻无穷,但它们不像语言那样具有明确的指代性,一种乐声并不直接对应现实世界中的某个特定概念。即便如此,理解音乐作品中广泛多样的信号的能力,可能是理解语言中广泛信息的重要基础。即使音乐不同于语言,但其中存在的多种非特定信息的概念与语言的演化密切相关。因此,正如达尔文所预见的那样,有了长臂猿的歌唱,人类的故事才更完整。

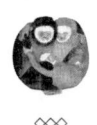

音是怎么连起来的

我们在第四章中了解了蹄兔鸣唱中的句法,并非每个音都以相同的概率紧跟在其他音之后。不过这并不奇怪：大多数动物都有自己的句法，这至少说明了它们的交流并非完全随机。那么一种动物有多少种句法呢？我们的直观感受是，叽喳柳莺的句法很少，它们只会"chiff-chaff""chiff-chaff"地鸣唱，而嘲鸫会唱几十个或几百个音的长歌，所使用的语句结构就多一些。

研究这个课题的其中一种方法是用图形展现动物的句法，比如我们可以在图形上为每种音贴上标签，然后用两个音之间箭头的粗细以及箭头旁边的数字来表示一种音跟随另一种音的概率，如喷鼻声跟在尖啸声后面。我将第四章中的蹄兔转换矩阵图表转换成图形，为了简单起见，我省略了一些比较罕见的转换。现在，我们比较一下蹄兔和长臂猿的句法图。蹄兔的句法很简单，只有几个箭头将不同的音连接起来：从尖啸声到喷鼻声是一个粗箭头，从嘎嘎声到啾啾声是一个细箭头。相比之下，长臂猿句法图上的箭头参差交错，就像一盘撒在地上的意大利面。

如果复杂句法真的有含义，那么不管其含义是什么，我们至少可以认为，这两个物种承受的演化压力不同，导致它们的歌曲在复杂程度上有着惊人的差异。蹄兔需要以较为复杂的鸣唱来宣示身份，而长臂猿需要在歌曲中传递的信息似乎远超于此。长臂猿生活的环境以及它们与环境交互的方式有利于发展出如此复杂的歌。长臂猿的啼鸣不仅能显示它们的个性，而且还复杂到发展出了许多独特的形式。那么究竟是什么样的演化压力激发出了这种能力呢？

答案很简单，与我们的观察结果基本吻合：与领地意识有关。如果歌曲或歌曲中的一部分是一种领地信号，那么守卫领地这件事情的重要性越高，拥有更复杂的歌声对动物就越有益。蹄兔的歌曲本质上是个体性的，而不是领地性的，即保护自身地位、向群体内外的潜在挑战者炫耀作为主导雄性的强健体魄，而不是让其他蹄兔远离自己的领地。这一行为并不奇怪，因为蹄兔的领地

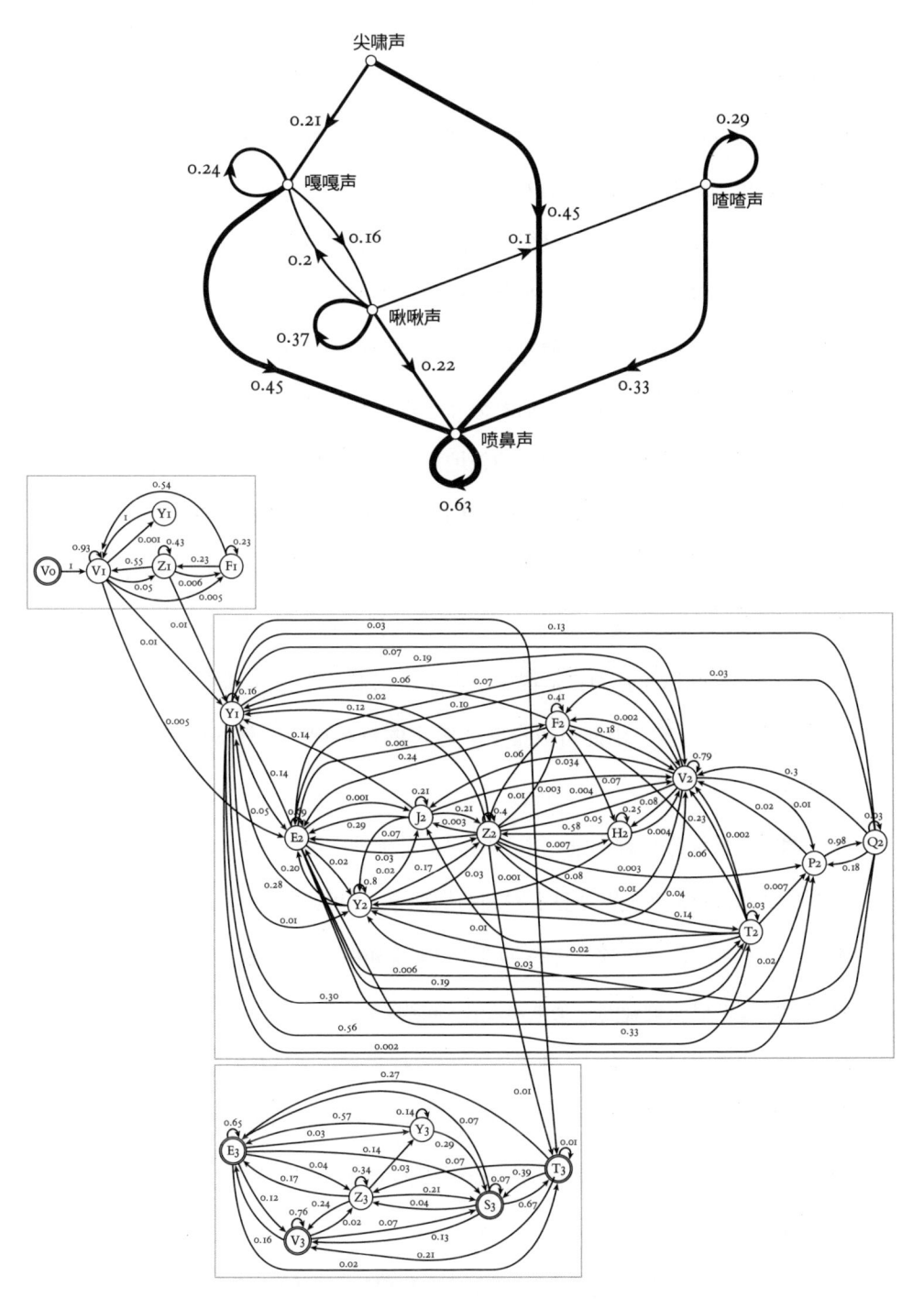

◆ 上图是蹄兔的句法图，图中的概率数字取自第四章。
下图是白掌长臂猿的某个歌曲的句法图。[3]

边界相当模糊，不同群体的领地范围时有重叠。蹄兔以树叶为食，而树叶几乎在任何地方都能找到，所以它们常会随意移动。因此，拼命控制某个区域或强行排外在很大程度上是浪费精力。但如果你像长臂猿一样以水果为食，情况就不一样了，水果不像树叶，是很难找到的。只有一部分树木能结出可食用的果实，而且如前所述，不管什么时候，长着成熟果实的树少之又少。如果你的领地中有高质量的果树，那就值得花大力气保护它们。如果另一群长臂猿占领了你的果树，你就不能像蹄兔啃别家树叶一样去它们的果树上觅食了。因此，水果作为稀缺资源增强了这一物种的领地意识，并促使它们经常利用群体力量来抵御其他群体的攻击。有趣的是，我们发现无论是比较蹄兔和长臂猿，还是比较不同种类的长臂猿，更复杂的歌曲往往伴随更强的领地意识。我们在所有复杂的交流系统中都发现了这种一致性。合趾猿是迄今体型最大的长臂猿物种，它们大部分时间以树叶为食，很少吃水果，也很少保卫自己的领地，因此它们的歌曲也简单得多。由此可以推断，歌声的复杂程度必然与捍卫领地的重要性有关。

如果语言演化过程中唯一重要的因素是领地之歌的复杂性，那么就会有更多的物种拥有我们在长臂猿身上看到的那种令人印象深刻的交流方式。毕竟，鸟类也会唱复杂的领地之歌，有的鸟的歌声甚至和白掌长臂猿的一样复杂。要从乌鸫和嘲鸫那种毋庸置疑的复杂歌声演化到能够支持语言演化的、如练音操般的歌唱，显然还需要另一种能力。长臂猿拥有乌鸫和蹄兔所没有的综合认知能力，以及能够对周围世界进行解释和复杂推断的大脑。正如我们所看到的，将说话的能力与有话要说的大脑结合起来，这是一个关键革新。这就是灵长类动物与众不同的原因。

研究野生长臂猿的学者发现，长臂猿在树间觅食的方式有明显的规律，那些产量高、果实质量好的树被"光顾"的次数最多。这听起来似乎没什么大不了的：很多鸟类对食源都有极强的记忆力，比如黑顶山雀，一种生活在北美洲以种子为食的小鸟，可以记住数百个不同的藏有松果的地点。不过，在丛林中导航是一个相当复杂的挑战，不信的话，你可以试试在方圆数百米的丛林里找到返回某棵树的路。更重要的是，定位果树意味着不仅要记住空间的变化，还要记住时间的变化：哪些果实上周快要成熟了，今天可能刚好成熟；哪些树上的果实已经过熟，可能已经腐烂了？因此，长臂猿和许多灵长类动物一样，利用群体的力量应对丛林挑战，有效觅食。群居意味着可以利用多种经验和记忆，毕竟不只一个个体的大脑能记得哪里有最好的树。群居还可以垄断那些稀有的果树，抵御其他动物的攻击，同时还有很多双眼睛可以发现潜在捕食者。群居生活非常适合长臂猿，不过，如果你生活在一个群体中，你就需要和群体中的其他成员沟通今天的觅食地点，而藏种子的小鸟不需要这样做。

总而言之，一个完美的条件组合出现了：充满智力挑战的环境，群体合作和保卫珍贵资源的需求，再加上经过数百万年演化发展出了具备关键特征的身体，这些特征包括大眼睛、大脑袋、长手指，使灵长类的交流能力得到了飞跃性的发展。虽然这些关键特征的演化并不是为了促进语言的演化，但它们使灵长类动物既聪明又善于交流，从而拥有了颇为特殊的地位。

对灵长类来说，最显而易见的下一步就是利用这种沟通能力来发挥智力的杠杆效应，开始实实在在地"谈论"一些内容，而不仅仅是"说"。

警报声：简单粗暴的"滚蛋！"

我们已经知道，长臂猿拥有复杂歌声的原因与蹄兔和鸟儿的鸣唱是一致的：这样的歌声可以炫耀个体的体格，也可以昭示与配偶的感情。歌声的复杂性还为我们打开了一扇获取信息的大门，至少在理论上动物可以将特定的含义融入它们的歌曲中。我们在第四章中看到，动物的歌曲可以包含的信息和意义远远超出实际使用的数量，可能存在的不同组合多达数十亿种。但是，某一种变化组合与实际运用它进行交流还相去甚远。在演化过程中，每一个微小的创新都需要实际性优势作为前提。也就是说，无论创新的步伐多么微小，都必须存在与缺乏这一革新的动物相比较的优势。那么，什么样的革新能让用不同的歌曲表示不同含义的动物具有相对优势呢？

一个显而易见的答案是：动物可以用不同的歌曲来表示它们所处境况的重要差异，例如"一切正常"与"十万火急"。事实上，许多动物就是这样做的。我们在第二章中提到过，狐獴有一种简单的联络叫声，它们会不断地发出这种声音来表示"天下太平，大家放心"；如果发现危险，它们也会发出响亮的警报声。鸟类、灵长类和啮齿类动物也有类似的交流方式，这是一种非常普遍的行为。警报声和联络叫声听起来完全不同，混淆这两种叫声的后果非常严重，比如若是误将警报声当成联络叫声，你刚兴高采烈地走出洞穴，就被一边守候的郊狼扑个正着。因此，发声的限制决定了动物叫声的种类：如果要表达不同的意思，它们的叫声就必须有明显差别。虽然包括草原犬鼠（地松鼠的一种）、松鸦等鸟类和青腹绿猴等猴子在内的一些动物，针对不同的捕食者威胁会发出不同的警报声，但这些声音的表现能力终归有限。当然，动物可以针对"蛇"和"豹"设置不同的警报声，但它们听起来必须截然不同，而且随着捕食者的种类不断增加，不同的声音总有用完的时候，用明显不同的声音表达明显不同的意思是复杂交流的死胡同。

动物能否利用数量可观的声音多样性组合来表达更广泛的含义呢？事实上，人类就是这样做的：我们有庞大的词汇库和复杂的语法，可以利用词汇的组合来表达不同的含义。人类演化出巨大的大脑，这样我们才能应对复杂的处理过程和复杂的想法。而其他动物的大脑比我们简单，它们就无法利用人类编码信息的复杂规则，比如记住"后面有一条蛇"和"上面有一只豹子"是不同的。那么，它们还能利用什么呢？

我觉得，读者能从本书中了解到的一件事，就是想要探究动物所表达的真实含义究竟有多困难。在野外，很难进行可控的科学实验，周围的环境每天都在变化，动物也并不配合，甚至有时候当你想做实验时，它们连影子都看不见。即使它们出现了，你往往也无法确定它们是否就是之前观察的那些动物。有些实验虽然能够在圈养的动物身上进行，但很难再现动物演化过程的真实场景。尽管如此，科学家还是尽己所能，努力设计出巧妙的实验。我们为数不多的、能够真正探究动物在说什么的方法之一，就是设置不同的情境，分析它们发出的声音和做出的行为反应。最容易的是诱发并分析警报声，因为它们比其他交流可靠得多，动物在看到捕食者时很大程度上会立即做出可靠的反应。当然，用活的老虎来威胁濒危物种，这种研究方式确实不太道德，因此科学家只能用动物毛绒玩具替代。研究人员在丛林中爬行，向长臂猿晃动小型蛇模型，虽然听上去有点好笑，但确实有效。诚然，如今我们也能选择仿真机器蛇和机器豹子，但老方法依然很有效。而且，理论上来说，一旦你能诱发动物发出警报声，就可以直接观察它们是否对不同的捕食者做出一致的反应。但在实践时，我们还是会遇到比想象中更多的困难。

　　白掌长臂猿在遇到不同的捕食者时会发出不同类型的啼鸣，这并不稀奇。如前文所述，我们在多个物种中都观察到了类似的情况。不过，长臂猿也不是每次看到同种捕食者都会发出同样的叫声，实际上它们每次对捕食者的反应都是不同的，也是独一无二的。但我们仍然可以将针对豹的警报声与针对蛇的警报声区分开来。下面举个例子：

针对豹的警报声：VVVVVVZSTSTSTSTVSSTSTV
针对蛇的警报声：VVVVZFVVHVVZVFVVVVVVVVHI

　　我想要强调的是，与蹄兔类似，长臂猿的每一种啼鸣都有所不同。没有两种针对豹的警报声完全相同，就像蹄兔的鸣唱总是有区别的，除了灵活性较低的短歌。针对豹的警报声和针对蛇的警报声有明显的区别，听觉灵敏的长臂猿能区分出针对同种捕食者的不同警报声和针对不同捕食者的警报声。那么，"豹"或"蛇"的信息到底在哪里，聆听的长臂猿如何判断威胁来自哪种捕食者呢？方法之一是分辨警报声中使用的音：针对豹的警报声中使用了大量 T 和 S，而针对蛇的警报声中使用了 F 和 Z。不过，长臂猿复杂的歌曲也向我们展示了捕食者类型信息来源的另一种有趣的可能性。歌曲在音的过渡上是多种多样的，也就是从一个音转到另一个音的方式上是多变的，这意味着句法上存在差异。在本章前面引用的一段话中，达尔文推测语言可能起源于音乐，长臂猿的歌曲就是一个例子。我们不知道这是否只是对演化的一种异想天开的解释，但这值得我们静下心来思考：不同的人类乐曲会传递不同的感觉，你不需要一个庞大而复杂的大脑就能够区分灵歌天后埃塔·詹姆斯（Etta James）的《终于》（*At Last*）和朋克先驱性手枪乐队的《英国安那其主义》（*Anarchy in the UK*）；事实上，我们在特内里费岛对海豚进行实验时，发现它们对重金属传奇乐团犹大圣徒的《违法行为》（*Breaking the Law*）很感兴趣，但对著名流行组合阿巴乐队的《新年快乐》无动于衷。传达不同的、独特的概念并不一定意味着要有不同的、独特的信号。你可以通过不同感觉的乐曲来传递明确的信息，长臂猿就是这样做的。

请注意，正是由于乐曲的复杂性，长臂猿的歌曲才能在单纯的感觉中囊括这么多含义。重复且一成不变的简单歌曲不具备灵活性。的确，如果一个物种能唱一系列高度定型的歌曲，就可以用一种机制来传达不同的含义，这种情况是指重复统一类型的曲调时完全相同，但每种曲调类型之间又有很大差异。"啾啾声-啾啾声-嘎嘎声"与"嚓嚓声-嚓嚓声-吱吱声-吱吱声"的含义可能截然不同。对我们来说，声音（或音序）和意义之间的一一对应关系是很容易理解的概念，但这只是因为我们已经有了语言。对于动物来说，它们在理解这种对应关系之前需要理解什么是一一对应，而除了针对捕食者发出的警告声这种比较极端的情况外，我们还没弄清楚为什么动物自然而然地理解了这种关系。更容易理解的一个例子是追随不同的传统乐曲所引发的不同情绪和反应，例如，20世纪60年代流行歌曲的强烈旋律与20世纪70年代朋克歌曲的重复的和弦轮换。对长臂猿来说，特定的音序并不像我们的语句那样意味着什么，但它确实有意义，只不过意义对动物来说比较模糊而已。

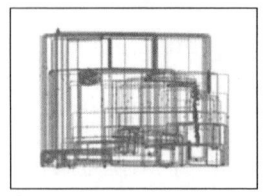

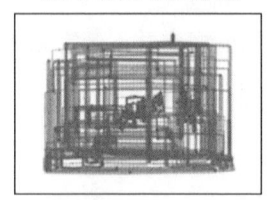

埃塔·詹姆斯《终于》	性手枪乐队《英国安那其主义》
披头士乐队《有些事情》	"嗡嗡鸡"乐队《错入爱河》

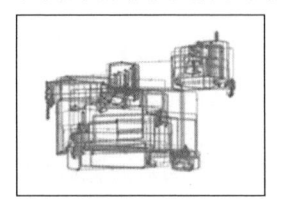

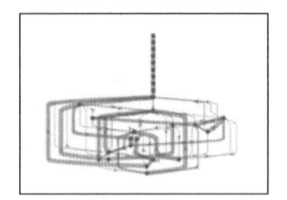

◆ 图中显示了两种截然不同的音乐中不同和弦之间的转换：左边是流行歌曲，右边是朋克摇滚。节点代表不同种类的和弦，线条的宽度表示每种转换的概率。为了清晰起见，我省略了数字。

当我们比较长臂猿对不同的捕食者玩具模型发出的警报声所对应的声调转化图时，能够发现关于"如何生成复杂歌曲的含义"的另一条可能线索。我们在三种不同捕食者警报的声调转化图中发现，它们都以同样的方式开始：一连串的V音，接着是一些Z音，然后又是一些V音。警报声过渡到第二阶段，这时，针对豹、蛇和虎发出的警报声变得完全不同。最后，针对豹和虎发出的警报声有一个结束音，而针对蛇发出的警报声则没有。如何解释这一现象呢？如果你是一只警觉的长臂猿，听到这一连串的V和Z，不管是VVVVVZZZVV还是VVZZVVV，或其他类似的声音，你就知道有坏事要发生了。之后，第二阶段歌曲的风格就会告诉你需要知晓的信息：是树枝上潜伏着一只豹子，还是树干上蜿蜒着一条蛇，抑或是地上有一只老虎在徘徊。

意义来源于音与音之间的过渡而非特定的音序，这个观点之所以吸引人，

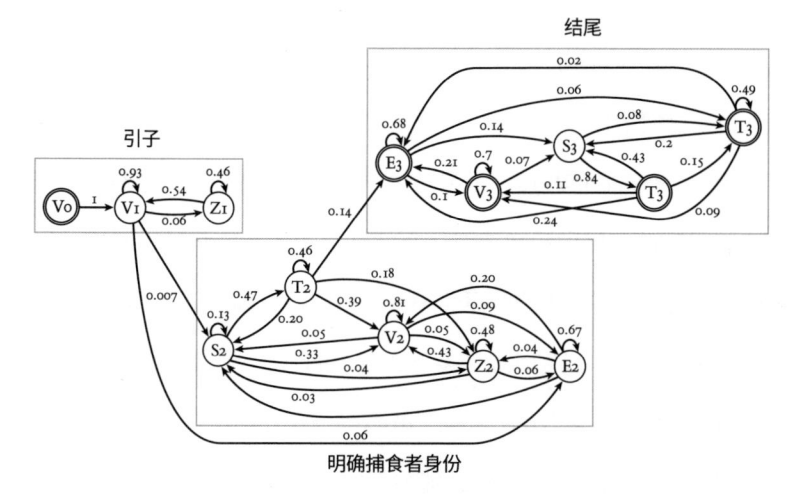

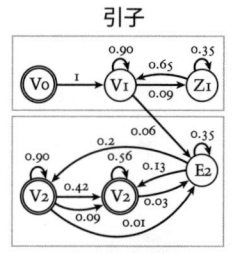

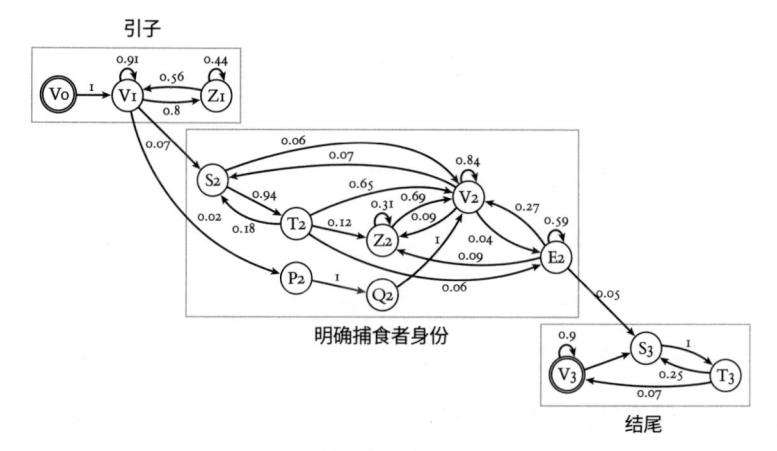

◆ 长臂猿对三种不同捕食者的反应模式的啼鸣转化图。方框内为不同的短语（情况不同，长短也会不一样）。[4]

是因为我们可以清晰地看到产生这一情形的演化机制。交流（尤其是警报声）在很大程度上受动物情绪状态的左右。动物有多饿、多累、多兴奋都会影响它发出的声音，当然，还有害怕的程度。但是，由于情绪状态在任何两个时间点都不会完全相同，如果歌曲纯粹由感觉决定，那就别指望两次歌曲是相同的。也就是说，一个动物特别害怕时发出的叫声差不多，相似程度远高于警报声和喊饿的相似度。实际上在第四章，我提到过许多鸟类发出的"seet"警报声显然与受威胁程度有关：情况越危险，重复的"seet"就越多，就好像在说"啊，糟了糟了糟了"。一旦存在这种变奏，自然选择就能将其完善出不同的作用。如果动物能对某种叫声做出某种反应，比如听到"老虎来了"的曲调就跑到树上；而对另一首叫声做出另一种反应，比如听到"有豹子"的曲调就移动到树尖上，那么它们就明显处于优势地位。所以，寻找动物交流中可能存在的意义这种演化型解释要比简单地寻找可能代表人类词语概念的动物叫声要可靠得多。

复杂性的本质

前面这些表示长臂猿之歌的图的复杂程度可能会让你吓一大跳。真的会这么复杂吗？长臂猿到底要表达多少信息，一首歌曲需要多复杂才能传达这么多信息？这些都是很难回答的问题，除非去问长臂猿，否则很难确定。不过，我们在这方面也并非毫无头绪。我们可以用统计测试来分析动物交流的复杂性，并了解这种复杂性在某种程度上有用的可能性有多大。下面我们来做一些基本假设。

交流需要付出时间和精力，而且交流越复杂，需要付出的时间和精力就越多。复杂的交流需要一个更大的大脑，不仅要产生新奇而复杂的声音，还要解读它们，就好比要区分朋克摇滚乐和爱情民谣。这对于人类来说毫不费力，因为我们已经具备了巨大的大脑。从演化的角度来看，每项革新都会带来潜在的好处和代价，只有在瑕不掩瑜的情况下，革新才会持续下去。这就意味着动物不会无缘无故地进行复杂的交流，动物需要传递的信息越多，它们的交流就必须越复杂。那么，这个平衡点在哪里呢？以简单音组成的歌曲为例，我们暂且将音标记为A、B、C、D。先不考虑音序（我们将在第七章讨论这个问题），我们能清楚地看到，如果你能多样化地使用四个音，其组成的歌曲就会更复杂。下面是三首示例歌曲，先是将相同的音放在一起有序排列，能更好地说明原理，但没有动物会唱这样的歌，然后将四种音随机排列，更像动物唱的歌：

曲目1

有序：AAAAAAAAAAAAAAAAAAAABB

随机：AAAAAABAAAAAAAAABAAAAAA

曲目2

有序：AAAAAABBBBBBCCCCCDDDDD

随机：ACCACDBCAABACDCBBBDBDBAAD

曲目3

有序：AAAAAAAAAAABBBBBBCCCCDDD

随机：ABAAACABBABDCDAABADAACCAB

曲目1主要是A音，其中夹杂着几个B音，这就是我们所说的简单歌曲。很明显，这只动物想表达的意思就是A，除此之外没有多少别的信息。曲目2就复杂多了，虽然有四个音，但它们出现的频率都差不多，而且无法预测下一个音会是哪个。事实上，通过让每个音以相同的概率出现，这首歌包含了能体现在音序中的最多信息。那么，如果我是一只需要传达复杂信息的长臂猿，我应该用哪首歌呢？首先肯定不是曲目1，因为它不能表达我想表达的所有内容。其次从演化的角度来看，也不应该用曲目2，因为这首歌过于复杂了。如果我的曲调要用四种不同的音，那么把它们平均组合在一起就会降低效率。

从数学角度来看，平衡复杂性和简单性的最佳方式有点类似于曲目3。如果你仔细观察曲目3，就会看到其中有12个A音，6个B音，4个C音，以及3个D音。这意味着最常见的A音是第二常见B音的两倍、C音的三倍、D音的四倍。这是巧合吗？并不是。这种被称为齐夫定律的排列很常见，其形成原因似乎有理有据，但其实我们并不太清楚为什么。我们在英语单词的出现频率中能观察到齐夫定律，比如"the"出现的概率是"of"的两倍，是"and"的三倍，等等。如果不是因为人类的其他语言也有同样的规则，这种巧合还真有点说服力。事实正是如此，因此这就有了更重要的意义。

这个发现非常奇特，以至于怀疑论者认为它可能是一个统计上的假象，但大多数研究动物交流的学者认为，齐夫定律确实反映了简单性与复杂性之间的重要权衡。如果你没什么想说的，那不妨像曲目1那样一遍一遍地重复同一内容，这不需要太多的脑力。如果你只对用歌曲的复杂性来吸引潜在配偶感兴趣，那么可以唱曲目2，这同样不需要太多的脑力，因为它本质上是随机选音。但如果你想表达的东西很多，那么就应该根据齐夫定律来安排你使用的符号（词语或音）。

利用齐夫定律探究长臂猿啼鸣的结果令人深思。根据齐夫定律，均衡的复杂性应该遵循我们在人类语言中看到的模式，出现概率不同的词与最常见的词存在一种比例关系。我们用一个叫作齐夫系数的参数来量化这种关系，如果某个词完全遵循齐夫定律，那么它们的齐夫系数就为-1。研究英语中最常见的30万个单词，得到的齐夫系数为-1.02，这个结果还不错。蹄兔的歌曲似乎更像曲目2，偏向于"用复杂性给配偶留下印象"，齐夫系数约为-0.02。而白掌长臂猿的歌曲更像曲目3，不仅歌曲复杂，在音符之间还有复杂的过渡，而且能够通过不同种类的啼鸣来谈论不同捕食者，它们的齐夫系数为-0.95，非常接近动物优化信息内容时的预测值。如果长臂猿的歌声恰好达到了这种完美平衡，那确实是一个非常奇妙的巧合。

但这就意味着长臂猿拥有语言吗？当然不是。仅仅因为一种动物的交流方式在统计特征上与人类语言相似，并不代表它拥有语言。无论我们如何定义语言，它都不仅仅是音如何分布的简单问题。但实际上，我们也没法对这个问题做出准确回答。要研究动物在野外对其群体伙伴发出的信息作出反应的方式，难度可想而知。尤其是与东黑冠长臂猿这种稀有且踪迹难寻的野生动物打交道时，人类能做的最多就是监测它们的存在，想要详细观察它们的行为简直难于登天。在前面的章节中，我们至少知道，鹦鹉有能力学习并理解人类语言，海豚能够向其他个体传达复杂的指令。那么，我们能确定野生长臂猿使用语言的方式与我们类似吗？

即便如此，我们也不认为长臂猿、鹦鹉和海豚拥有自己的语言。白掌长臂猿警报声的复杂程度确实令人印象深刻，但它们似乎也只是利用这种复杂性达到非常简单的目的。你可能会觉得警报声的短音应该简单、明确且可靠，我们在白掌长臂猿的短音中发现了一些变化。这表明长臂猿发声的复杂性可能是针对其他目的，也就是说，不仅仅是为了吸引配偶，还包含有关捕食者或群体及个体的诸多信息，它们似乎在演化过程中优化了歌曲的复杂性以涵盖更多信息。我们不知道在我们的祖先与长臂猿的祖先分道扬镳的2000万年中，这些美妙的歌曲是在哪个时间点演化出来的。也许早期的长臂猿就会唱歌，又或许是最近才有的革新。但显然，无论是人类谱系还是长臂猿谱系，猿类大脑都能够构建复杂的交流方式。人类交流和长臂猿交流的目的可能不同，但它们可能基于非常相似的出发点。

  我们已经看到，长臂猿的歌曲存在一定意义，但并不是通过特定的音序表达意义。我想告诉大家一个重要的观察结果：长臂猿的歌声中没有"豹"这个词。长臂猿和其他动物一样，不使用词语。这个结果之所以重要，是因为如果想了解动物如何说话以及在说什么，我们就必须在大多数情况下摒弃"意义"就是"语言"的观念。动物可以在声音和意义之间没有一一对应关系的情况下传达意义，而且往往是相当复杂的意义。这一观察结果除了对我们这些想要理解动物在说什么的人来说很重要之外，对于理解人类语言如何演化也很重要。我们的祖先就像如今的长臂猿，很可能拥有一套复杂而精密的无词汇交流系统。这是语言产生的基础呢，还是人类的语言能力纯粹是创新？我们将在下一章探讨这个问题。

PART 6
第六章

‹ **黑猩猩** ›

有谁没在动物园里观察过黑猩猩，并琢磨它们看起来与人类有多像呢？它们的表情、行为让我们既熟悉又陌生。黑猩猩拥有许多人类可以用来识别自身的特征，但又明显野性难驯。在动物身上看到这么多人类的影子可能令人不安，但这也提醒着我们：人类与丛林时代的距离并不遥远。从黑猩猩和我们这些猿类后代出现至今，已经过去了 600 万年。黑猩猩是目前世界上与人类亲缘关系最近的物种，二者之间有多少共同点，又有多少特点是人类独有的，或者说，哪些特点是黑猩猩独有的？长期以来，科学家和哲学家一直在猿类身上寻找人类与其他动物的不同之处。有哪些特点是人类有而它们没有的呢？我们重视的许多人类特征最终都被证明并非人类独有。黑猩猩会制作工具：它们用柔韧的树枝插入白蚁的蚁穴，把白蚁挖出来吃掉。它们有一种在不同群体间传播的文化：黑猩猩个体通过观察其他个体的行为学习新的技能，比如如何敲开坚果。它们甚至还有公平意识：如果黑猩猩发现科学家给予的奖励分配不公，它们就不会参加实验。在野外，黑猩猩之间会展开残酷的竞争，它们会搜寻并当场杀死其他黑猩猩族群中的个体。当然，我们一般不会把上述最后一项作为人类的重要特征，但它确实是人类无法摆脱的特征之一。人类每一个特征在黑猩猩身上几乎都能找到。那么人类和黑猩猩到底有什么不同呢，是语言吗？

  黑猩猩是本书中我唯一没有在野外观察过的物种。并非我不想尝试，而是那时正值新冠感染大流行期间，在丛林中寻找、观察黑猩猩变得更加困难。由于黑猩猩在演化过程中与人类的亲缘关系密切，它们也会感染新冠病毒，为了防止病毒在野生黑猩猩种群中传播造成危害，我们对黑猩猩采取了严格的隔离限制措施。保护的必要性胜过研究的需要，因此，就像科学界经常遇到的情况一样，我不得不把在不太理想的条件下收集到的证据拼凑起来研究，比如观察圈养的黑猩猩所得到的结果。我们在动物园里看到的黑猩猩的行为其实就是黑猩猩在丛林中自然行为的真实反映：比如制作和使用工具、社会交往以及发出社交性质的信号。但是，就像我们不能期望圈养的狼的嚎叫会和野外的狼嚎一模一样，我们也应该谨慎地解释对圈养黑猩猩的观察结果。幸运的是，多年来我们已经对野外黑猩猩进行了大量的观察研究，其中包括我的朋友和同事所做的工作，本章的大部分内容都是与他们讨论的结果。黑猩猩就像我们之前提到的非洲灰鹦鹉一样，在圈养环境中表现出了令人印象深刻的语言类技能的学习能力，这是不容忽视的重要证明。人类的这位近亲至少在某种程度上能够学习与人类交流，尽管是通过手语或计算机界面而非语言。这对研究黑猩猩在自然环境中交流的起源和方式有何启示？鹦鹉在自然环境中也很难被观察到，即使我们假设它们拥有令人印象深刻的学习和语言技能，至少我认为它们不太可能在野外使用这些技能。或许黑猩猩也是如此，它们真的需要交流复杂的内容吗？它们是仅拥有语言所需的一些基础结构，还是真的会说话？

黑猩猩是谁？

黑猩猩的特别之处并不仅仅在于它们与人类的亲缘关系最近，还在于它们身上有一种特质。这种特质驱使并推动它们交流，使那些能通过交流掌握更多信息的个体具有明显的生存优势。因为黑猩猩生活在复杂的社会环境中，演化倾向于让它们进行复杂的交流。如果不了解黑猩猩在和谁说话以及为什么说话，我们就无法理解它们在说什么。事实证明，像黑猩猩这样生活在复杂社会中的动物并不多见。从第五章我们知道，长臂猿生活在小家族群体中，在这种情况下合作是必不可少的，因为伙伴就是家人，有相似的基因图谱。动物生活在小家族群体中一点也不稀奇，事实上，大家族内部的合作很可能就是群居生活最初演化出来的。某些种类的动物也生活在由关系不那么密切的个体组成的庞大族群中，比如在一匹头马统治下生活的一群斑马，而与我们祖先的生活更接近的情况或许是在一只雄性银背大猩猩专制统治之下的大猩猩群。当动物所需的食物充足而丰富时，单雄性族群的结构就会演化：再强壮有力的雄性也无法独立阻止其他雄性吃草，因为到处都是草！这种情况下，雄性动物唯一能获得繁殖优势的途径就是阻止其他雄性动物交配[1]。因此，如果动物的生活方式演化为族群生活，那么食谱广泛的动物种群往往会演化成仅有一只成年雄性动物的族群。

小家族群体和单一雄性的大家族群体是迄今最常见的两种族群生活策略。黑猩猩则不同，它们和长臂猿一样，主要以水果为食，吃少量肉食，但它们只能在大族群中生存。大多数黑猩猩群落由几十个成员组成，长臂猿族群多数只有四到八个成员。黑猩猩需要在大族群中生活的原因很难确定，但几乎可以肯定的是，这与它们较大的体型有关，它们对营养的大量需求导致了它们会与邻近的黑猩猩群体发生很多冲突。与狼一样，黑猩猩一天中的大部分时间都用来巡视领地边界和寻找可能来自敌对种群的入侵者。由于需要大量食物，黑猩猩群体成员不会一直待在一起，有时它们会分开几天或几周，然后再重新聚在一起，这点和前文提到的海豚差不多。在这种情况下，主导雄性独占所有雌性是行不通的。每个族群都需要强大的雄性武力来对抗边界冲突，大多数雄性总能找到机会与雌性交配。因此，这造就了复杂的统治结构，雄性在这个结构中竞争不断：争夺雌性、争夺果实、争夺最好的栖息地。确实会有一只雄性在名义上拥有统治地位，与斑马群的头马不同的是，这个头衔并不代表专制的权威，所幸主导雄性能够交配的次数确实比其他雄性多。当雌性开始发情时，其他雄性总能找到机会与之交配。此时主导雄性会试图阻止其他雄性，但它不可能同时防范所有这类情况的发生。此外，黑猩猩主导雄性的首领地位经常受到挑战。虽然斑马群中孤高的头马或坐在岩石高处的蹄兔老大也并非王位永固，就像人类的独裁者一样，总会有被人推翻的风险，但是黑猩猩每天都生活在强大的对手群中，只能通过与其他强壮的雄性结成一系列复杂的联盟来维持主导地位，因为从来没有哪个个体能够强大到可以抵御几只雄性手下一同发起的叛乱。

因此，黑猩猩是一种极具政治性的动物。在面对冲突时，它们会哄骗其他成员站在自己一方；它们会留意谁在与谁争斗，如果介入其中能提高自己的地位，它们就会趁乱而入。例如，一只强大的从属雄性如果认为介入另一只从属雄性的斗争可以让自己在下次篡位时得到相应的支持，它就可能选择介入这场斗争。黑猩猩甚至会挑拨其他成员之间的关系，防止它们组成强大的联盟。一只主导雄性如果发现其他从属雄性之间的关系变得过于友好，那么它就可能会着力与其中一个交好，以免形成一个反对它的轴心队伍。试想，产生这种行为需要怎样的社会认知？有时，对于互为对手的两只从属雄性，主导雄性甚至会反复更换它们作为宠信对象，从而压制它们。也许你能从黑猩猩身上看到许多人类的操纵行为，这些复杂的政治阴谋往往需要交流才能实现。

手势与声音

　　如果你去动物园观察黑猩猩的互动，你肯定会注意到它们对彼此的关注程度。人类有时很难注意到微妙的互动信号，但黑猩猩会利用这些信号互相交换信息以了解发生了什么。每个个体都非常关注彼此。如果一只黑猩猩站起来大摇大摆地走到围栏的另一边，其他个体就会评估它的目的：是觉得无聊了想活动活动？还是发现了有趣的玩具或食物，做假动作以便据为己有？黑猩猩的交流既直观又微妙：雄性黑猩猩有时会突然暴怒，它们不顾一切地攻击对手，对于个子小的同类而言，那些飞舞的拳头和野蛮的撕咬非常危险。因此，最好一直对潜在的危险信号保持警惕，带着幼儿的母亲尤其要小心，避免被殃及。对于黑猩猩这种群居而生又竞争激烈的物种，这些"小动作"的意义更大，而在长臂猿这种温馨的家庭环境里，大家就没必要神经紧张了。你可能会看到大猩猩在同伴的围绕中懒洋洋地躺在地上打盹；而黑猩猩可没有这种安全感：它们总是睁着一只眼睛，提防着危险。黑猩猩的小家庭内部一般都很和谐，而大族群则充满紧张气氛，因此注意社交信号必不可少。

黑猩猩似乎确实经常用手势交流，有的动作几乎难以察觉，有的则非常明显。伸出一只手、掌心向上的动作是一种乞讨信号，这和人类做出同样动作的意义一致。当你看见黑猩猩向将食物扔进围栏的饲养员伸出手，你可能以为这是被训练的，其实不然，这个手势是自然形成的，野外和圈养的黑猩猩都会使用。黑猩猩最常见的非语言交流方式可能是梳理毛发。它们花大量时间梳理彼此的毛发，这场景比我们在其他灵长类动物身上看到的要多得多。虽然互相梳理毛发在最初肯定是为了清除虱子和跳蚤等寄生虫，但黑猩猩已经在此基础上大加修改，使其成为一种主要的社交活动。为谁梳理、何时梳理以及如何梳理，这些都传递了关于社会性互动行为的大量信息。会不会是地位高的雄性正在招揽盟友？或者地位低的雄性因其冒犯了高位者而道歉？抑或是雄性在说服雌性与其交配？要了解黑猩猩如何传递关于其地位和关系的重要信息，就必须了解它们的手势和视觉交流信息。黑猩猩手势交流的复杂性清楚地展示了它们的智慧，以及它们的社会系统在多大程度上催生了交流需求，但这与我们在前几章中研究的声音和发声是截然不同的交流方式。说话对黑猩猩有多重要？它们通过发声表达了多少信息？

实际上，黑猩猩会发出很多声音，而它们的声音也确实表达了不同的含义。灵长类动物学家珍·古道尔在坦桑尼亚观察野生黑猩猩时，总结了黑猩猩近30种不同的发声方式及其相关语境。其中许多显然与社会关系有关，如表示统治地位的哇声直吼和表示服从的低声气促。有些声音，如笑声，则似乎是对挠痒痒或玩耍的自发反应。还有警报声，但它们的警报声是否仅限于威胁群体的捕食者，目前尚无定论。

黑猩猩最有名也是被研究得最多的发声方式是喘吁呼啸，这种声音响亮又复杂，可以在丛林中远距离传播，几乎可以断定其作用等同于狼嚎：在保持与族群成员联系的同时，宣扬自己的领地或个体存在。这类叫声往往以较为沉稳的呜呜声开始，与人类儿童模仿黑猩猩发出的声音并无二致。紧随其后的是一阵喧闹、尖锐的叫声，足以传至两千米之外。然后，黑猩猩又将音调回落到较为轻松的音序，似乎是为了缓解尖叫高潮后的紧张。这种复杂的声音序列有多个阶段，可因个体或环境而异，而且可能包含相当复杂的信息。

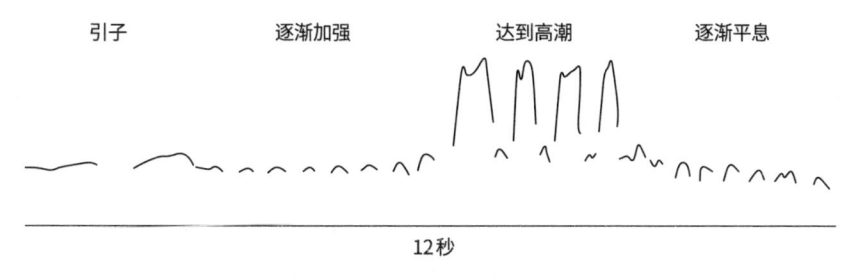

引子　　　　逐渐加强　　　　达到高潮　　　　逐渐平息

12秒

◆ 黑猩猩喘吁呼啸声的简化频谱图。

不过读到这里，你可能会有点失望。这就是物种谱系上同我们亲缘关系最近的动物的叫声吗？它们的交流方式有什么了不起的？当然，它们有复杂的远距离呼号，但狼也有。你给它们挠痒痒，它们也会笑，这没什么大不了的。它们生气时会发出一种叫声，当其他个体对它们生气时，它们又会发出另一种叫声，谁又不是呢？可是，它们能像海豚那样表达物体的名字吗？它们会像大脑较小的长臂猿那样把叫声组合成复杂的序列吗？在动物的语言能力方面，黑猩猩究竟占据着怎样的地位？

野生黑猩猩的呼喊

我们可以通过两种方法了解黑猩猩的交流能力：一是仔细聆听它们本来的叫声，研究它们是否真的通过这些声音向其他黑猩猩传递关于环境的信息；二是教黑猩猩说人话，看看会发生什么。

我们在第五章提到，丛林并不适合做研究。主要原因倒不是行动时遇到的各种障碍，而是看不见四周发生了什么。科学家通过让动物习惯人类的存在来让研究更顺利：潜移默化地让动物习惯有人在默默地、毫无威胁地观察它们。珍·古道尔是与黑猩猩和睦相处的技术先驱，20世纪60年代，她就在坦桑尼亚的贡贝实践这种方法。但即使在一个可被研究的动物社群中，你能收集到的信息也非常有限。也许你能看见几只黑猩猩在开阔地带到处游荡，但肯定还有很多虽然离你只有几树之遥，却依然处于视野盲区的黑猩猩。这对于研究是非常不利的，因为你永远都在管中窥"猩"。

当然，黑猩猩的处境也好不到哪儿去。怎么才能知道老大在哪？雄性该怎么找到适合交配的雌性？又或者，族群中其他的家伙都去哪儿了？它们也许迁移了，也许是抛弃你跑了。这时候，黑猩猩的叫声就有了用武之地，它们的视觉交流高效、微妙而含义丰富，满足了复杂社会群体对复杂社交关系的需求。但视觉交流需要两个个体彼此邻近才能发挥作用，这样的情况在丛林里并不多见。而声音可以很容易地在树林中穿行，让相隔较远的个体有机会互相联系。所以，你很自然地就会认为，丛林里的黑猩猩经常用叫声传达比较重要但无法通过手势传达的社交信息。

不幸的是，破译黑猩猩的对话可不简单。一方面，黑猩猩的叫声和长臂猿不一样，不容易被轻易分解为像音符一样的单位。虽然珍·古道尔将黑猩猩的叫声分成30多种，但声音所涉及的范围太广了，每次呼喊的实际声音会因个体和内容而异，甚至可能同一只黑猩猩针对同一件事换了种说法。另一方面，在第二章中我们知道，海豚的叫声也是不断变化的，海豚的哨鸣虽然同样没有明确的分界，却与黑猩猩的有所区别：海豚的哨鸣是非常精确的纯音，它们对哨鸣的音高变化有着精细的控制能力。所以，当海豚改变哨声的音调时，它可能是想通过这种变化传达某种特定的信息，也可能这种变化根本没有任何特别的含义。而黑猩猩叫声的变化更模糊，是因为黑猩猩对音调的控制能力不如海豚吗？也许它们在声音形态上的变化更多是出于情绪的波动，比如兴奋的声音听起来会比较不稳定。所以这是有可能的。但这些微妙的变化是否都别有深意呢？

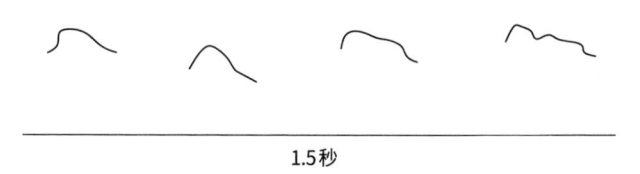

1.5秒

◆ 黑猩猩四声吠叫的声音简化频谱图，它们非常相似，音调先扬后抑，形状却大不相同[2]。

抛开在野外研究黑猩猩的困难不提，有一些研究发现黑猩猩的声音或许确实传达着复杂的信息。多年前就被证实的一个发现是，在圈养黑猩猩的实验中，有一种被称为"粗吼"的叫声在被试动物发现食物"美味大块"和"少得可怜"之间有着明显区别。而且，其他黑猩猩听到这些因不同食物而发出的粗吼声时的反应也不同，显然它们是能够听得出其中的差异的。从那以后，这种实验以不同形式被重复了多次，研究者还尝试不同的变动，试图确定黑猩猩是否通过不同叫声的微妙变化来传达可获得食物的信息，又或者纯粹因为美味食物而兴奋才发出了不同的声音。需要注意的是，在后一种情形中，其他动物完全有可能辨别叫声的差异，并认为叫声表示不同种类的食物，即使发声的动物无意发出这样的信息。人类当然也能捕捉到别人的弦外之音，比如聚会上有人对你说的话不感兴趣而语气厌烦，但这种缺少目的性的信息并不符合我们对沟通的定义。

幸而，更多针对野生黑猩猩的研究揭示了一种可能的结论。黑猩猩的叫声中是否存在对食物的暗示，取决于其他黑猩猩在听什么：如果附近有雌性黑猩猩，那么地位较高的雄性有可能在一发现食物时就兴奋吼叫，就像用美食讨约会对象的欢心。更具有说服力的是，地位较低的雄性发现美食时会保持安静，因为它们知道，如果它们说出自己发现了食物，那些地位更高的家伙就会把食物抢走。而当亲近的同伴在附近时，地位比较低的雄性就会发出发现食物的吼叫，因为它们相信亲友不会夺走食物，或者亲友会跟它们互相分享食物，也许是因为建立联盟能够提升彼此的社群地位。这些观察结果强有力地证明了这种粗吼是有目的性的：吸引其他个体并共享食物。有一个很有趣的现象，如果低地位的个体发现了不为人知的美味食物却不出声，并且被地位极高的雄性逮个正着，它们就会发出叫声，大概是在讨饶："我没想吃独食，真的！"

成群结队打猎去

除了社会性互动和政治手腕之外，黑猩猩还有其他类人行为，例如狩猎。

它们的力量、智慧以及偶尔出现的暴力行径令我们惊奇不已。黑猩猩不是可爱无害的小猴，尽管许多人都对它们有这样的错误印象。

虽然黑猩猩主要以水果为食，但对肉类也来者不拒。很多研究都记录了黑猩猩用类似钓鱼的方式把昆虫从洞穴里钓出来大快朵颐的行为。黑猩猩也经常狩猎哺乳动物和鸟类，它们最喜欢的猎物是小型疣猴。黑猩猩狩猎的行为非常复杂。狼等动物的捕猎策略是展开长距离追捕，直到有机会捕获筋疲力尽的猎物，但总体来说，狼不会在狩猎中承担不同的角色。黑猩猩就不一样了，有证据表明，当黑猩猩捕猎小型疣猴时，一群黑猩猩会分散开围捕猎物，且不同的个体承担不同的角色：部分黑猩猩负责拦截可能的逃跑路线，部分黑猩猩在猎物栖身的树下看守以防它逃到地面上，剩下的成员则负责驱赶猎物。虽然狩猎行为普遍存在，但并不常见，你永远不知道一场狩猎从何时何地开始。所以深入研究这类行为的机会非常有限，我们目前针对黑猩猩狩猎策略的研究也并不全面。在我们看来的协作很有可能是每只黑猩猩都在想如何多分到战利品。如果发现除了一条逃生路径外其他可行的路都被堵住了，你当然会到那条路径上去：疣猴这不就手到擒来了吗！可那并不是真正的协作。因为我们无法通过直接采访动物来获知它们到底在干什么，所以这类研究往往会陷入僵局。

那么，黑猩猩是否像一些科学家所说的那样，在狩猎时相互交流呢？2022年的一项研究表明，黑猩猩群体在狩猎时通过吠叫来促成合作。我们并不知道它们如何理解这些吠叫，但叫声中可能承载着的不只有"到这来，该狩猎了"这样的信息。吠叫会出现在许多情形下，比如看见蛇或迁徙，不同情形下的吠叫各不相同。我们把这一系列不同的叫声称为"吠叫"可能有些太轻慢了。不过，只要查看这些吠叫的简化频谱图，我们就会意识到，这些叫声显然非常复杂，包含了不同情形下的多种信息。

| 蛇 | 狩猎 | 邻居 | 迁徙 |

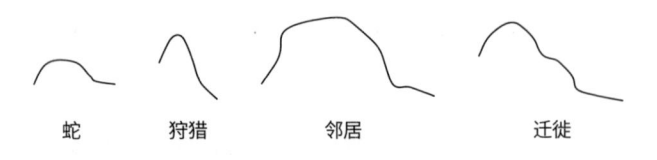

◆ 黑猩猩在四种不同状况下的吠叫简化频谱图。[3]

科学家发现，黑猩猩在狩猎之前的叫声越多，狩猎成功的概率就越高。这让人忍不住猜想，是不是黑猩猩在计划着如何狩猎？但计划不是必要的，甚至它们不太可能做计划。狩猎前的吠叫也许是为了传达明确的重要信息，比如定位目标猎物；提升也许是为了猎手的表现水平。根据目前有限的狩猎研究资料，黑猩猩并非如人类那般围绕狩猎展开合作："你从左边上，我从右边包抄……"一旦开始追逐，它们的随机性看起来就会很强。在狩猎成功之后，它们并不像狼群那样，所有参与者都能分一杯羹。捉到小型疣猴的当然能吃第一口，但总有地位更高的家伙把胜利果实抢走。这种缺乏食物分享的行为引起了研究人员对黑猩猩狩猎合作的质疑，这显然是"各家自扫门前雪"，而不是有规划的"众人拾柴火焰高"。

除了狩猎之外，黑猩猩也会为了其他目的而"合作"。动物园中就有黑猩猩合作避开工作人员"越狱"的案例。在《猿之歌》（*The Song of the Ape*）这本书中，作为研究者和动物保育员的安德鲁·哈洛伦（Andrew Halloran）给大家讲了一个五只黑猩猩的有趣案件：新晋的雄性黑猩猩首领希金与它的四位"近臣"利用一只闲置的小船，像划贡多拉似的逃离了圈养它们的岛。这可是需要智慧、合作以及协调能力才能完成的"越狱"行动。如何让其他动物知道逃跑计划已经开始，又如何帮助同伙搭上小船，以及最重要的一点，如何驾着小船划向自由，哈洛伦总结道："这里必然涉及极其复杂的沟通。"这个结论可能并不正确。极其复杂的默契必然存在，但沟通似乎不是必要因素。当希金登上小船，与它联盟的其他同伴可能理解了逃跑计划并加入，但这并不意味着希金召集了它们、解释了它的计划或下达了命令。多数合作可以在无沟通的情况下发生，只要能理解发生了什么。黑猩猩的狩猎远征也是如此。确实，这些动物所做的事情比羊、鱼或鸽子所采用的协作方式更聪明。这个事实透露了一些信息，包括黑猩猩的社会认知、对群体中其他个体的观点和意图的理解能力。虽然我们很想据此得出黑猩猩具有背着饲养员"暗度陈仓"的能力，但合作甚至协调的能力并不一定意味着它们真的用声音"交谈"。

事实上，科学家仍然不清楚黑猩猩可以有意识地传递多少特定信息。如果一个狩猎队伍通过低吼声提高了狩猎成功率，这固然有趣，但我觉得大多数人不会认可这是它们在狩猎时交流信息的方式。但是，如果是像吠叫这种既可以在狩猎时使用，又能够包含复杂信息的复杂交流方式，那么这种信号至少可以用来协调各方。再退一步说，人类祖先作为拥有较高认知能力的物种，他们可以利用复杂的信号在狩猎过程中更积极地协调群体行为。人类与黑猩猩的共同祖先演化了大约一两百万年之后分化出人类远祖——南方古猿，他们在狩猎时所发出的叫声是否比现代黑猩猩的叫声更复杂呢？我们永远不得而知。当然，在演化的过程中，我们的祖先掌握了更复杂的声音使用方法，而其表亲——黑猩猩的祖先却没有。要想利用各种声音来计划狩猎这种复杂的事情，需要更强大的大脑和认知能力，这样才能在各种声音与含义间建立关系。某年某月，我们的祖先大概突然发现不同的声音组合可以表达更广泛的意义。黑猩猩能做到这一点吗？为了弄明白这个问题，可以采用这个办法：测试黑猩猩能学会多少人类语言。

教黑猩猩说人话

近百年来，研究人员一直在尝试教黑猩猩说人话。早期的实验虽然在伦理道德上难以称得上尽善尽美，却也算有趣。20世纪30年代，心理学家温思罗普·凯洛格（Winthrop Kellogg）和吕拉·凯洛格（Luella kellogg）夫妇将一只名叫"瓜"的黑猩猩宝宝视为家庭成员，就像抚养他们的孩子唐纳德一样。不用说，唐纳德很正常地习得了人类的语言，尽管他在小时候一度有发出黑猩猩叫声的倾向，而瓜却没有丝毫说人话的倾向。虽然如今这样粗糙的实验看起来近乎可笑，但在那个年代，人们对动物的交流知之甚少，几乎所有科学家都觉得，也许瓜能像唐纳德一样长大并学会人类的语言。若无第一个吃螃蟹的人，谁也不知道结局。那时黑猩猩已经通过训练习得了多种人类技能，诸如骑自行车和用茶杯喝茶，但为什么语言就学不会呢？

从瓜未能学会说人话得出最重要的结论是：黑猩猩可能缺乏发出人类声音的正确生理结构。我们祖先演化出的肌肉、神经和骨骼，使我们具有令人叹服的声音制造能力，而这正是人类语言产生的基础。事实上，古人类学家回答"我们的祖先是什么时候演化出语言的"这个问题的主要且为数不多的线索之一，就是借助观察古人类祖先的化石，以寻踪喉咙骨骼的变化以及其他解剖学上的演化。黑猩猩可以发出声音，但它们无法发出人类的声音，因为它们缺乏合适的生理结构。

20世纪60年代，人们开始对黑猩猩行为有了新的认识。珍·古道尔的革命性发现向科学家展示了黑猩猩社群及其交流方式的复杂性。也许是受此启发，在20世纪60年代末，两位科学家比阿特丽斯·加德纳（Beatrice Gardner）和艾伦·加德纳（Alan Gardner）夫妇试图将一只小黑猩猩"瓦苏"作为自家的一员来抚养，但他们没有像教瓜那样教它用声音交流，而是专门教它人类的手语。彼时我们已知，黑猩猩在野外交流主要依靠视觉：在黑猩猩群体中，调节复杂的社会结构和相互关系都需要密切关注其他黑猩猩微妙的肢体语言，以及如摇晃树枝或跺脚等视觉信号。我们一直谈论的声音交流是一种适用于远距离沟通的信号，这不是说它不重要，而是说明它也许是一种不那么精细和微妙的交流方式。你可以大喊"这儿有吃的"，但在丛林中大喊"我爱你"就没什么用了。两位科学家选用的美式手语既有自然语言的丰富内涵，又不需要手以外的复杂器官，似乎是人类与黑猩猩交流的完美渠道。最初，科学家对教会黑猩猩用手语交流抱有很高的期望：如果动物天生就能领会微妙的手势交流，那么它们学会手语就轻而易举。

围绕瓦苏展开的研究无疑获得了一些有趣的成果。瓦苏学会了大量具体的手语名词，如球、奶酪和狗，以及动词，如走、靠近和挠痒痒。它可以非常恰当地使用这些词以表达它想要的物品，或描述它想做的事，还可以把这些词进行有意义的组合，如"你挠我痒痒"。具有语言理解能力意味着掌握某种事物的概念。如果你学会了葡萄这个词，就意味着你理解它可以指代所有的葡萄，而不仅仅是桌子上的一颗葡萄；狗是指某个群体中的任意一只，尽管其中大部分个体都不尽相同。大多数人都会就此达成共识：没有这种能力，就无法掌握语言。瓦苏似乎可以概括"狗"和"花"这样的概念，这表明它可能理解名称的本质是一般标签。

继瓦苏之后，在20世纪70年代初，苏·朗博（Sue Rumbaugh）和杜安·朗博（Duane Rumbaugh）对黑猩猩拉娜及后来的倭黑猩猩坎兹尝试了另一种不同的方法。拉娜和坎兹并没有在人类家庭中长大，也没有学习类似于人类的语言，而是在电脑上学习一种符号语言或字符。拉娜可以在房间里自由使用电脑键盘，键盘上刻有复杂的字符，每个字符代表不同的概念，当然，起初它并不知道这些。渐渐地，拉娜领会了不同字符的含义，并能把字符组合成含义丰富的句子，包括要求更多的自由，比如"拉娜在房间外面喝这个"。

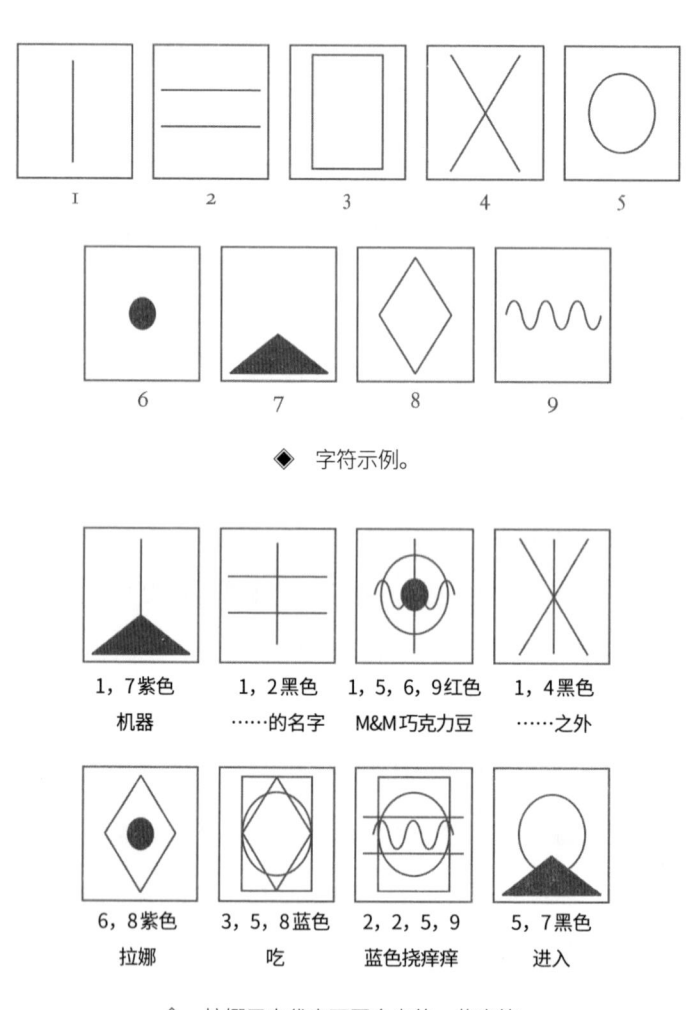

◆ 字符示例。

1, 7 紫色
机器

1, 2 黑色
……的名字

1, 5, 6, 9 红色
M&M巧克力豆

1, 4 黑色
……之外

6, 8 紫色
拉娜

3, 5, 8 蓝色
吃

2, 2, 5, 9
蓝色挠痒痒

5, 7 黑色
进入

◆ 拉娜用来代表不同含义的一些字符。

这些无疑都是令人印象深刻的研究成果。但是，对瓦苏所做的实验以及后来在拉娜（已于 2016 年去世）和坎兹（至本书付梓之日仍在敲击它的字符）身上进行的研究工作一直饱受争议。对其他猿类的研究受到了更多的指责，尤其是对大猩猩可可的研究。20 世纪 70 年代末，大猩猩可可的驯养师彭妮·帕特森（Penny Patterson）声称，可可已经掌握了人类手语，能够进行比较复杂的对话，其中最著名的一次是与演员罗宾·威廉姆斯（Robin Williams）的对话。一些科学家认为这些所谓的动物语言能力是彻头彻尾的谎言，另一些科学家则认为这些成果可信，但与真正的语言并无关系，还有一些人认为这些发现被微妙地曲解了。在这些声浪中，最具影响力的指责来自一个经过认真论证的研究项目，也是在 20 世纪 70 年代末，研究对象是一只名叫尼姆的黑猩猩。这项研究得出的结论是黑猩猩并不能理解手势的组合，只是通过随机改变组合手势，直到研究人员做出表示正确的反应。因此，尽管这些动物似乎有能力学习词汇及其含义，但仍不清楚它们是否理解"词语可以组合成句子来描述更复杂的内容"这一概念。批评者认为，当瓦苏比画出"你来挠我痒痒"的手势时，它能理解"你""我"和"挠痒痒"这三个词，但它只是随机地做出这三个手势，直到有人兴奋地来挠它的痒痒。

　　就这样，关于动物是否会说话的话题引起了广泛的争议，并最终引发了更加深刻的讨论。在过去的 50 年里，语言学家、哲学家、心理学家和动物行为学家一直在激烈地争论：黑猩猩瓦苏、拉娜和尼姆，倭黑猩猩坎兹和大猩猩可可这些"受过教育"的动物到底有没有掌握语言？语言学家对于真正语言的定义非常严格，例如，要区分使用者和使用对象。这一点几乎不容置喙，如果说话者不能区分这二者，那么很难将其所讲的内容定义为真正的语言。我们提出的其他标准似乎都不那么明确。有人说，若要称得上真正的语言，说话者必须能够借此表达出自己的情绪和感受，而不仅仅是谈论周围的事物。用圈养黑猩猩进行的语言实验很难证明这种动物内心状态的表达。显然这是一些语言学家批评者的偏见。我们已经知道，黑猩猩在野外会道歉，会互相安慰，会寻求安慰。把情感和感觉的表达看作语言是错误的，它更像一种社交行为方式。

　　动物是否有自己的语言，如果有，那是什么样的语言？要回答这个问题，需要哪些必要标准？这一系列问题复杂、深奥且十分重要。我将尽量忽略这些问题，因为我对动物语言是否存在这一问题的答案兴趣不大，尽管我知道这个答案对我们如何看待自己和人类自身的独特性有着巨大影响。我更关心的是教动物"说话"能在多大程度上帮助我们了解它们在野外的交流情况。这些动物是谁，它们之间是怎么交流的，这种交流是如何演化的，这对研究人类语言的演化有什么启示？在目前的探讨中，你可能已经了解到，我并不认为用一个简单的以及格或不及格为导向的测试就能将使用语言的人类与不使用语言的动物区分开来。与之相反，我想知道的是，动物之间需要交流什么内容，以及这些需求对它们学习与人类交流的能力有何影响。即使你不相信瓦苏和可可真的能够理解它们的手语，但它们能够在某种程度上向人类表达它们的意图和愿望，这本身就是一个非常重要的观察结果。

"这个世界真是充满谎言！"
——《亨利四世》（上篇）

　　关于黑猩猩的行为，还有一件事值得一提，因为这可能与学会语言需要什么样的认知能力有重要关联。黑猩猩会说谎，更准确地说，它们会欺骗其他黑猩猩。黑猩猩在野外和圈养环境中表现出欺骗行为的轶事比比皆是。前文提到过，如果一只黑猩猩发现了特别美味的食物，那么在其他同伴愿意共享食物前它们可能不会公布自己的发现。更重要的是，黑猩猩似乎能够理解"其他家伙没发现你所知道的事情"这一概念。这是一个巨大的认知上的飞跃。有人甚至认为这可以证明"人格化"这一标签可以合理地用在动物身上。为什么这么说呢？因为如果你知道别人不知道的事物，那么你就有了"自己作为一个独立个体"的认知。在合作与竞争并存的黑猩猩社群中生活，这种换位思考能力使个体在生存中具有明显的优势。你需要知道的东西很多，知识所蕴含的力量可以推动着你在社会阶层中上升或下降。因此，了解自己知道什么、别人不知道什么，是演化过程中的一大优势。

为了测试这一点，科学家通常会将一只黑猩猩分配为"观察者"，让它可以看到实验中发生的一切。第二只黑猩猩，即"实验对象"，被引入放有两个盒子的围栏中。研究人员在其中一个盒子里放上食物，随后放下一块幕布，这样"实验对象"就看不到发生了什么。然后研究人员偷偷把食物从原来的盒子转移到另一个盒子里。"观察者"能看到整个过程，也看到了研究人员的欺骗行为，不过"观察者"对这种欺骗其他黑猩猩的行为会做出怎样的道德判断，我们不得而知。然后，幕布被揭开，"实验对象"可以靠近箱子，它会怎么选择呢？当然是直奔原来的空盒子，它不知道食物被移动过。此时"观察者"的反应如何？如果它们没有个体意识，无法区分"我"和"你"的概念，那么它们就会感到震惊。"这个傻瓜选错了盒子！它怎么会不知道呢？"也就是说，如果这一猜想成立，在看到食物被移动后，"观察者"会认为"实验对象"也知道这一点。但是，如果黑猩猩发现"我知道的不一定是别人知道的"，换句话说，如果它们知道有"我"

和"非我"之分，那么它们就不应该对"实验对象"的反应感到惊讶："它们当然会被耍得团团转，它们哪知道食物被移动了！"科学家可以用复杂的方法来量化"观察者"的惊讶程度，比如通过跟踪黑猩猩的眼球运动。不出所料，黑猩猩确实懂得它们知道的并不一定是别人知道的。

黑猩猩的这种认知不仅体现在食物方面。弗朗斯·德瓦尔（Frans de Waal）在他的《黑猩猩的政治》一书中这样描述道：一只打算与雌性交配的从属雄性黑猩猩，突然发现主导雄性走了过来，它的反应是什么？它迅速用手捂住自己勃起的生殖器，这一幕滑稽极了。两个朋友正在互相梳理毛发，但当主导雄性走过来时，它们会立刻跳起来背对着对方，你几乎可以想象到它们会无辜地吹着口哨说："我什么也没做！"为什么这样的滑稽情形与我们的故事有关？因为如果你不知道其他人对世界的看法与你有所不同，你最多只能表达出你的感受，类似于"我饿了"或"别过来"。但如果你知道别人知道的比你少，或者至少它们知道的与你不同，那么你就能够有目的地交流某个想法。"去开另一个盒子，你这个笨蛋，食物在那里面"或者"不是这个盒子，你这个笨蛋"，又或者"不，我说真的，老大，我没有调戏她……"不难想象，这两种交流方式在黑猩猩群落关系网中都是有用的。

有黑猩猩词典吗？

我们是否更接近黑猩猩的交流方式与语言这一问题的答案了呢？当然，也有可能我们对语言进行的严格测试，如句法、句子结构、主语和宾语等，只反映了人类语言的本质。批评者非常在意瓦苏没有像人类幼儿那样有运用句子结构的能力。瓦苏不理解词序与句子意义之间有所关联，是因为它不具备形成语言的必要条件，还是因为不具备学会人类语言的必要条件呢？显然，人类儿童天生就有使用人类语法的倾向，那么对黑猩猩进行人类的语言测试这一行为对它而言公平吗？也许黑猩猩有自己的交流方式，也许它们有自己的语言，只是人类太执着于自己的语言体系而没有发现。

这个理论很常见，但它的漏洞也很明显。提出一些无法明确证伪的东西很容易，比如妖精的传说，但这并没有太大意义，而且对更深入了解动物也没什么帮助。从20世纪60年代的珍·古道尔，到如今这些新一代的科学家，他们对野生黑猩猩进行了数十年的研究，积累了很多关于黑猩猩行为和沟通的观察资料。从总体上看，这些动物的交流方式与其他灵长类动物相似，而灵长类动物的交流方式和其他哺乳动物也没什么差别。当我们在野外观察黑猩猩交流时，常能看到它们相互威胁、相互安慰、索要和分享食物、学习新技能，以及合作狩猎、保卫自己的群体，看起来就像其他非人类动物交流一样，其本质是相同的，只是在许多方面比其他哺乳动物的交流更复杂。黑猩猩的交流方式与我们在本书中提到的其他动物也颇为相似，考虑到我们所接触的动物的多样性，这一点着实令人惊讶。同样，没有任何证据表明黑猩猩在野外使用的语言特殊到我们无法识别。尽管黑猩猩的认知能力和它们的发声曲目都很复杂，但它们发出的声音往往都是本能所致。我的一位同事向我讲述了一件事：一只主导雄性正在休息，并没有太在意它所囤积的肉。此时，一只年轻雌性开始悄悄靠近它，想神不知鬼不觉地偷拿一点食物。随着距离越来越近，雌性的嘴唇开始颤抖，它显然在努力控制发声的冲动。在最后一刻，它再也忍不住了，发出了一声粗重的咕噜声，咽了下口水。立刻，主导雄性跳起来把肉抢了回去。有时候，声音是不受控制地发出来的。在某些方面，黑猩猩和其他动物一样，是出于本能的交流者。

然而，黑猩猩确实有一些学习语言的适应性，使它们具有学习人类手语或图形符号的特殊能力，这个能力是除了黑猩猩以外其他物种所不具备的。这种适应性很有可能是从我们的共同祖先那里继承来的。在这种情况下，也许最早开始像我们这样说话的古人类，就是基于这种与现代黑猩猩所共有的心理和认知技能发展出了语言能力。这些适应性可能是由什么决定的呢？我们又能从黑猩猩的行为中找到什么线索呢？

哈洛伦在他的《猿之歌》中整理出了19种不同黑猩猩声音的"词典"，不同的声音代表不同的含义，每种声音都与特定的发声方式相关联。这个想法相当大胆，但它是否为我们指明了正确的研究方向呢？从某些方面来说，是的，因为它明确了黑猩猩之间会进行交流这一特点。这些动物真的有能力告知它们的朋友或敌人它们想要什么、在做什么，以及希望别人做什么吗？这个想法也不完全正确，因为它太依赖于人类所理解的语言概念。"词典"这个词，意味着某种声音和某种意义之间存在一一对应的关系。而在动物交流中，这种关系往往并不存在。某种声音可能会引起某种反应，这样的发现通常会让动物行为研究人员兴奋得手舞足蹈。能达到这种特性的动物并不多，但这离探究出某种发声的意义还很远。归根结底，仅限于离散词组的交流并不算一种语言。如果动物不能通过组合词语来创造新的含义，那么它所能表达的概念总数就只是你所拥有的词语数量。

在研究黑猩猩交流领域的权威之一卡特·霍贝特（Cat Hobaiter）与研究员柯丝蒂·格雷厄姆（Kirsty Graham）一起编纂了一部包含近90种黑猩猩和倭黑猩猩手势的词典，名为《猿类大词典》[4]。这部词典其实更像是一个字符库，这些符号确实能传递信息，尽管这些信息有点模棱两可。至于黑猩猩有多强的能力，能以各种复杂的方式将这些手势结合起来以传达各种复杂的想法，目前我们还不清楚。不过，对瓦苏、尼姆和其他黑猩猩进行的人类语言实验似乎暗示我们，答案是"不多"。用有限的字符进行大量的社群性活动和协调合作，对于黑猩猩来说，这或许就足够了。

哈洛伦还竭力避免将黑猩猩的交流与人类语言进行意义不大的比较。比起研究通过训练能用外在方式来"说话"的大猩猩可可，我们真正想了解的是猿类在表达时的内心想法。正如哈洛伦所说：

> "就算黑猩猩可能用流利的人类语言滔滔不绝地在网上交谈，但与观察它们真正用自己的方式交流相比，还是相形见绌……我们试图把黑猩猩变成人类缩小版的每一刻，都是我们错过它们那令人惊叹的表达方式的时刻。"

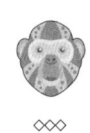

那么，这些最像人类的动物是怎么回事呢？黑猩猩可以学会用词语和句子与我们交流，但又不完全是用我们所理解的句子。它们关系网的复杂程度不亚于人类。在合作狩猎、隐蔽接近并袭击敌人的过程中，它们只用到几种声音。黑猩猩似乎拥有良好的语言演化基础：大脑、社会性和声音。但它们并没有属于自己的真正"语言"，即便有，它们也会隐藏得很好。黑猩猩是有交流能力的，本可以利用交流来协调狩猎关系，但它们并没有使用。鹦鹉也有类似的能力，但我们并不清楚一只会说话的鹦鹉在野外会利用这种能力做什么。黑猩猩似乎可以从说话中获得很多好处。如果我们离开了这个世界，一百万年后再回来，我们会发现像电影《人猿星球》中一样会说话的黑猩猩吗？它们会拥有属于自己的语言吗？

答案是不一定。黑猩猩和人类的共同祖先可能具备与现代黑猩猩类似的能力：先进的大脑、复杂的社会性以及交流灵活性，这些特征共同支持了远祖所占据的复杂生态位。在它们的后代中，有些演化至合作狩猎中非常重要的生态位，有些演化至食肉只占食性很小一部分的生态位；有的谱系演化出了语言，有的则没有。其中一部分利用了人类的生存环境，另一部分则发现丛林生活对它们有利。黑猩猩不是"低配版人类"：它们完美适应了自己的生活方式。老实说，大多数人在黑猩猩的生存环境中很难坚持生存一周，甚至一天都不行。现代黑猩猩的交流能力与我们600万年前的共同祖先能力相似，但我们无法确定这是否属实。也许今天的黑猩猩与我们的共同祖先所处的生态位有些不同，所以它们的交流方式或能力也不同。但这确实是一种有助于提醒我们如何探索动物语言的方法。动物有自己需要的东西，无论它们与人类有多相似，但在交流方式上，它们都不同于人类。万物从其法，世间一切本该如此。

PART 7
第七章

人类

> "人类是一个多么了不起的杰作！多么高贵的理性！多么伟大的力量！多么优美的仪表！多么文雅的举动！行为上像天使！智慧上像天神！宇宙的精华！万物的灵长……"
>
> ——《哈姆雷特》第一幕，第二场

万物的灵长？那真的是我们吗？的确，这个说法至少在人类中广受认同，甚至连莎士比亚也在《哈姆雷特》中作此戏言。

"……有无限的潜能？"好吧，无论你对人类的整体状况持悲观态度还是乐观态度，这个说法都确有一定的道理。人类掌握的语言是一种充满无限可能的语言。即使我们对一些世界上聪明、健谈的动物进行探究，也没有在它们身上发现任何与人类语言相似的东西。目前为止，我都避免给"语言"下一个正式的定义，但在我看来，语言一定是某种无限的东西，更确切地说，语言应该具备无限的潜能。如果语言不具备表达所有事物的能力，那么它就不能被称之为语言。只需寥寥数个词语，加上句法的武装，我们就能将贫瘠的词语加以整合，创造出宏伟的文学作品、深刻的政论陈述和精确的科学论文。不管海豚会说什么，还是不会说什么，我们都不相信它们能够创作戏剧或吟诵独白，但人类可以。人类似乎与其他动物有着本质上的区别。

然而，事情并非如此简单。在观察狼、海豚、鹦鹉、蹄兔、长臂猿和黑猩猩的过程中，我们观察到许多我们能做而它们做不到的事情。不过，我们和动物也有许多共同特征。动物也会表达情感，会互相命名，能以复杂的方式组合声音，有时为声音组合赋予复杂的含义，它们甚至有可能和人类进行可理解的对话。人类似乎迫切地想找到一条明确的界线，将自己与其他动物区分开来，而语言能力似乎就是这条最合理、最强有力的分界线。过去，人们普遍认为，人类是唯一使用工具的动物。我们的祖先能人，曾被认为是第一种打制出斧头和小刀等石器工具的生物。他们的拉丁语学名 *Homo habilis* 的意思是"能干的人"。然而，我们现在知道，其他动物也会使用工具。当珍·古道尔在坦桑尼亚记录到黑猩猩用棍子把白蚁从巢中钓出来时[1]，她的导师路易斯·利基（Louis Leakey）说过一句名言："现在我们要么重新定义工具，要么重新定义人类，要么接受黑猩猩也属于人类。"在区分人类和动物方面，没准语言并不是我们所希望的一刀切的标尺？说不定，人类的语言也并不像我们自吹自擂的那样特别。

在越南研究长臂猿时，我和两个同事在丛林中的小屋里住了两周，距离最近的村庄大概有几个小时的路程，和我们一起驻守的还有六个不会英语的当地保护区护林员。我们几个不会说越南语，对当地岱依族语言的了解也仅限于喝酒时的祝酒词，不过这并不影响我们之间的交流。我们非常自然地完成了简单的日常合作，比如一同睡在地板上、备餐和吃饭。我们在社交互动时也游刃有余，比如在凌晨五点起床时，睡眼惺忪地给对方递上一杯甜得要命的咖啡；又或者玩复杂烧脑的游戏，并且从来没人解释过游戏的规则。在许多方面，我们这些科学家与一群黑猩猩没有什么不同：从觅食到社交互动的一切事情都可以通过双方都能够理解的微妙信号来实现，用夸张的手势来澄清误解，用直觉来理解情绪、意图以及别人的想法。当然，如果我们的祖先没有语言作为合作的桥梁，人类永远不可能造出飞机环游世界，值机时我们也需要告知地勤人员我们想要靠窗还是靠过道的座位。但在与其他人类成员的社交中，语言在很大程度上可以"退居二线"。我们在护林员朋友的帮助下成功完成了复杂的数据收集工作，虽然这个过程中主要依靠精密的科学仪器，但夸张的手势也在其中起了重要的作用。我们之间的大部分交流并没有用上具有"无限潜能"的人类语言，这种不用语言交流的能力在此种罕见的情况下更明显，人类与类人猿亲戚之间的区别似乎随之消失了。

我们与其他动物究竟有多大的不同？显然，我们比动物能做更多的事情：如道格拉斯·亚当斯所言，我们能够制造车轮、建造纽约城、发动战争……毫无

◆ 在语言几乎不通的情况下，研究人员和当地护林员不仅能够共存、合作、分享，还能执行复杂的技术操作。

疑问，人类的大脑与其他动物的大脑之间存在质的区别，但这一切都与语言有关吗？

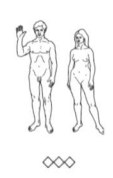

终于要定义语言了吗？

我怎么能在没有明确定义语言真正是什么之前，写出一本关于人与动物交流、动物与动物的交流以及人与人之间交流的书呢？必须承认，我不确定我们是否能够给语言一个明确的、能被普遍接受的定义，也不确定我们是否应该这样做，但语言的定义很重要。如果语言真的是人类与非人类之间的区别，那么我们最好能够确定自己知道它到底是什么。

但是反过来说，我们也有理由不去在意语言到底是什么。首先，我们可能无法准确地定义它。如果语言真的是人类和非人类之间的界线，我们必须特别谨慎，因为对界线的糟糕定义比根本没有定义更糟糕。我们可能出于让人类显得独一无二的目的，用一套严格的参数将黑猩猩和海豚排除在人类之外。或者我们也可以接受一个宽泛的语言定义，然后发现并不能得出一个令人满意的解释来说明为什么人类看起来与其他动物不同。如果这样的定义根本不可能存在呢？如果就像海豚的哨声一样，语言只是一个声波频谱呢？蹄兔等动物的频谱范围窄一点，而鹦鹉等动物的频谱范围比较宽。人类的频谱范围是最大的吗？

在讨论动物的语言能力时，科学家喜欢用量化的方式来衡量。"语言能力"

可以作为一种衡量动物能表达多少概念的标准。我们知道许多物种都会发出警报声来表达某种威胁。如果这些动物相互传达一个、两个，或五个不同的具体概念，那么它们的语言能力就不高。人类的好伙伴——家犬，能理解几十个指令，比如"坐下""拿来"和"放下"等，它们具有中等水平的语言能力，我们与狗的交流就充分证明了这一点。非洲灰鹦鹉亚历克斯，它也能表达许多概念，也许有一千种，甚至是无限的概念。亚历克斯的语言能力很强。那我们人类呢？我们的语言能力是无限的，我们可以表达概念的数量也是无限的，这就是完整的语言。

我们可以假设一个语言能力的标尺，人类处于最高水平，拥有100%的语言能力；我的狗能理解20~30个概念，可以假定它拥有"50%的语言能力"；而鹦鹉亚历克斯拥有98%的语言能力。

"98%的语言能力"这种表述并不具备实际意义。即使这种方法没有任何理

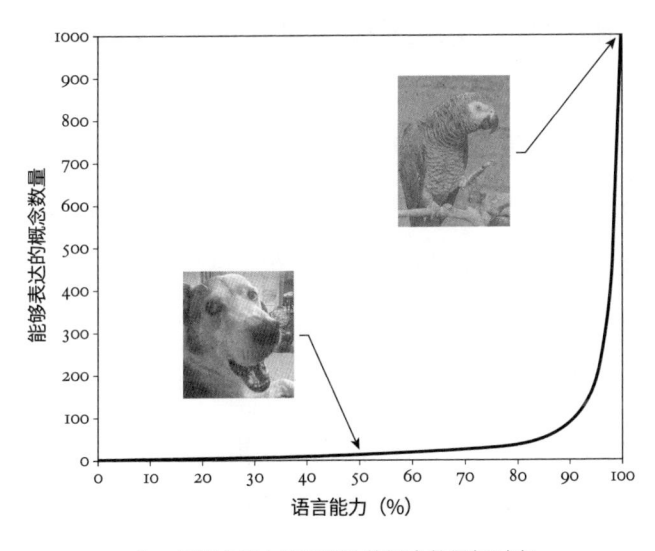

◆ 将语言能力按可表达的概念数量相对应进行排列的标尺示意图。

论基础，但它仍然是一个极具吸引力且实用的方法。我们并不知道大多数动物到底可以表达多少概念，即使是那些被深入研究的对象，比如海豚，我们仍然很难确知它们到底能传达多少想法。更重要的是，没有有力的证据证明：我们的祖先曾逐渐获得表述越来越多概念的能力，并且让这种能力达到无限。很有可能人类在演化过程中出现了一次大脑能力的快速飞跃。这次飞跃使人类从能够密切交流演化到能创作诗歌和小说。

寻找人类交流行为与动物交流行为之间的区别是一个艰巨的挑战。直觉并没有多大帮助，理论也比较匮乏，但有一件事是我们能做的，就是问问自己："当我们和动物说话时，到底会发生什么？"

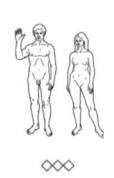

响蜜䴕：人类和动物的合作与交流

让我们来看一个关于人与动物交流的特例。黑喉响蜜䴕是一种生活在撒哈拉以南非洲大部分地区的小型鸟类。这些野生鸟类外表不起眼，但它们与人类建立了一种特殊的合作关系。它们并没有被人类驯化，没有被捕获，但它们认识到人类拥有打开蜂巢这一技能，而且意识到人类很愿意做这件事，因为我们对蜂巢中的蜂蜜垂涎欲滴。然而，人类并不擅长在广袤的稀树草原上寻找这些蜂巢，而这些鸟儿每天除了在树上飞来飞去外，几乎无所事事，它们能经常发现这些盛着美味的蜜蜂幼虫的容器。于是，人类在它们的引导下找到蜂蜜，这些小鸟也因此有了"导蜜鸟"的称号。响蜜䴕科鸟类和东非许多民族之间已经形成了一种相互合作的关系，响蜜䴕和被引导的人类之间发展出了一套双方都可以理解的"语言"。不同部落会使用不同的口哨声或其他声音，这些声音对人和鸟来说意义相同。响蜜䴕有一种特定的叫声，意思是"跟我来！我发现了一个蜂巢"；当地人想要寻找蜂蜜时也会用一种颤音和咕噜声的特殊组合来呼唤它们。在寻蜜过程中，鸟儿和人类都会用特定的声音保持联系，这样响蜜䴕既不会领先跟随者太远，也不会掉队。一旦他们到达目标地，响蜜䴕会就发出"在这里"的叫声，而采蜜人就可以愉快地破开蜂巢，双方各取所需：人类带走蜂蜜，鸟儿获得蜜蜂幼虫和蜂蜡。

◆ 莫桑比克尧族的采蜜人正准备给一只野生响蜜䴕戴上标签。[2]

人类和鸟类之间这种特殊的交流合作引发了许多关于人类如何交流的问题。这种不可思议的合作关系是如何演化出来的？是因为人类无论如何都能彼此交谈，不仅能互相交流，还能理解其他物种的想法，所以我们能知道鸟儿想让我们打开蜂巢，而鸟儿只不过搭上了人类的便车？这种理解其他物种想法的能力非同小可，可能极少数物种才拥有这个能力。也许，是人类的极致智力和思维能力奠定了人类与响蜜䴕之间的合作基础，而响蜜䴕在其中的作用就显得微不足道了吗？又或者，这个故事可以追溯到更久远的过去。会不会在获得语言能力之前，我们的祖先就生活在一个有很多响蜜䴕的环境中，那时的人类和动物能够互相交流，只是不通过语言呢？毫无疑问，无论尧族采蜜者和这些鸟之间发展出的是什么能力，它从任何意义上都不是我所定义的语言。二者之间传递的概念非常少："我们去猎蜂巢吧""慢点，我飞得可没你快""这是蜂巢，帮我打开它"。我们凭借现有的语言能力从外部观察，可以把这些信息用上述文字表达出来。但我们能确定响蜜䴕也是以同样的方式思考这些信息，而不是本能地对采蜜者发出的声音做出反应吗？

其他动物是否真的像人类理解词语一样理解交流信息，这是一个很难通过实验得出确切答案的问题。我们在第三章中得知，鹦鹉可能具备理解逻辑联系的能力，不仅仅是在某种声音和某种结果之间建立一致性。这种能力可能比较罕见，但这并不意味着响蜜䴕不具备这种理解能力。如果有人用榜样—对手教育法来训练一只响蜜䴕，用社会性线索帮助动物理解词的真正含义，又会发生什么呢？响蜜䴕微小的大脑中是否存在处理功能的根本性缺陷，导致它们学习概念的能力严重受限？我好像提出了很多无法回答的问题。与一个人可以轻易地问另一个人"你现在在想什么"相比，动物的大脑将永远是个谜。但正是通过观察那些人类和动物成功地相互交流的罕见案例，我们可以梳理出一些线索。

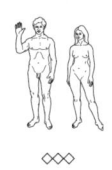

狗：我们最熟悉的交流伙伴

如果说响蜜䴕迷人但难以探究，那么我们可以通过研究人类与狗之间的关系，来熟悉与其他动物之间的交流。人类与狗之间丰富且极其精确的互动可能是所有这种关系中最亲密的，既特殊又平常。其他动物中没有一种能像狗一样，能与我们进行有效又普遍的沟通。我们可以让狗找出违禁品、抓住逃犯、准确无误地牧羊，当我们情绪低落时狗狗会躺在毯子上给予我们安慰。狗既能接收和理解明确的指令，也能理解模糊不清的想法。我们与狗拥有同一套语言吗？我前面提到过，我的狗或许能理解几十个概念，虽然离"无限的潜能"还差得远，但仍然比我向海豚或黑猩猩传达的任何东西多很多倍。当我说"我们去散步吧"，虽然它不太可能以语言的方式理解这句话，但它会兴奋地跳起来。

当然，狗是驯养动物。人类花了数万年来选育它们以满足需求，其中既包括非常实际的需求，如保护牲畜免受捕食者之害，也包括模糊的需求，如理解我们的声音和肢体语言。虽然狗的祖先与现代狼的祖先大不相同，但狼是狗的近亲，因此研究这两个物种与人类互动的差异是非常有意义的，而它们之间确实存在一些非常显著的差异。维也纳狼科学中心和布达佩斯罗兰大学的研究人员都试图梳理出狗和狼之间的根本区别。[3]和小狗一起被人类养大的狼崽确实很可爱，但它们成年后就完全不受控制了。狗会听主人的口令，以理解要求它们完成的任务，而狼似乎根本不在乎人类。演化成群居动物的狼不像家犬那样对人有一种"唯命是从"的态度。我们把狗狗驯化得顺从听话,而它们的野生亲戚明显不具备这样的性格。例如,当人指着一个目标时,狗会毫不迟疑地奔过去,而狼不会,它们似乎对人类手指没什么兴趣。

我们可以利用复杂的摄影设备跟踪动物的凝视方向。很明显,如果一个人注视着某个目标,那么狗也会注视着它,而狼不会。狗更喜欢看人脸的图像,而不是非生命的图像。众所周知,盯着动物的眼睛通常被解读为攻击性姿态。然而,对狗来说情况恰恰相反,狗希望我们看着它们的眼睛。实验表明,与狗进行眼神交流会增加狗和人体内产生愉悦感的激素水平,如催产素。从生物学角度上来说,狗和人都是为了相互交流而生的。我们不仅驯养狗,还"自我驯化"去依赖狗,这种长达五万年的伙伴关系是双向的。

人类为什么要驯养狗?没有人知道。很多事情似乎都是同时发生的。也许

◆ 狼和狗都会努力合作解决协同性的挑战。图中的挑战是通过共同拉绳子的两端打开抽屉。但狗更不擅长这项任务——它们已经演化到更依赖人类帮助它们解决难题,而不是自己想办法解决问题。[4]

我们的祖先只是容忍了那些不那么野蛮的食腐动物经常在早期人类定居点的垃圾堆附近觅食——这种相对的容忍足以使驯化发挥作用。也许我们的祖先意识到，在定居点周围有一群野生食腐动物会在更危险的捕食者靠近时提醒我们。无论如何，狗和人类的合作方式越来越复杂。很明显，合作越复杂，沟通就越复杂。尽管野狼似乎对人类不屑一顾，但人类和家犬之间的这种合作是基于一种在驯化发生之前就存在的生物学倾向。当面临难题时，狼也会与人类合作。一个常见的行为实验是把奖励放在一种只有绳子两端同时拉动才能释放的装置上，如果动物自己拉动一端，只能放松绳子，最终无法获得奖励；如果另一个动物（或人类）同时拉动另一端，抽屉就可以打开，并获得奖励。许多动物，包括鸟类、灵长类动物和大象，都可以学会与同类物种的其他成员合作解决这个难题。狼和狗也会与人类合作来做到这一点。这意味着狗的合作能力确实非常强，因为它们并不是在驯化过程中学会合作的。尽管狼与狗都能解决这样的复杂问题，但狗遇到难题时会有更强的向人类寻求援助的倾向。狗本能地知道我们很可能会帮助它们，这种认知是我们通过驯化植入它们基因里的，而狼则不具备这样的本能。

与这种家犬的本能伴随产生的还有一个颇负盛名的技能，例如牧羊犬那惊人的行为模式：经过训练，牧羊犬不仅能够准确回应各种信号，而且还能够根据羊群当下的行为做出反应，明白到底需要它们做什么。除了像"站起来""等着"这样足够明晰的指令，它们还懂得"回头看看"，意思是"你丢了一只羊，把它找回来"；"大声吼"，意思是"冲着那些羊吠，它们没跟紧你"；以及"进里面来"，意思是"从羊群中间穿过把它们分成两拨"。看这些能力卓著的牧羊犬执行任务时总是充满乐趣，令人印象深刻。从1976年起，英国电视转播的牧羊犬比赛节目吸引了上百万观众。但这能作为它们语言能力的证据吗？牧羊人会对他们的牧羊犬说话，而牧羊犬也能够理解他们的话，并且做出远比马回应"驾"这样的简单刺激更有意义的行为回应。我们能从这些聪明的动物身上推断出多少与语言相关的技能？如果我们真的把语言水平定义为所表达含义的数量，那么边境牧羊犬切瑟在2019年去世之前就是人类已知语言能力最强的非人类物种。切瑟记得人类教给它的1022个不同物体的名字，而且能根据指令分别拾取物体。我先前将鹦鹉亚历克斯能够表达的概念数量假定为1000个，但这不过是大致估计，因为我们从未明确测试过亚历克斯能理解的概念数量，而切瑟却至少知道1022个词。它俩到底谁的语言能力更胜一筹？我们凭直觉认为亚历克斯要强于切瑟，因为亚历克斯更灵活：它的词汇量要少一些，但能够用后者做不到的方式对这些词语进行组合。然而，切瑟掌握了更多词汇量，要在它俩之间分个高下实在不太容易。即使我们认可语言水平量表，那也几乎解决不了任何问题，因为我们谈论的目标语言是人类语言，而这超出了任何动物的理解能力。我们很难客观讨论什么是我们观察到的，而什么是我们相信我们观察到的。我想要一厢情愿地相信我的狗子能够理解我，但是作为一个科学家，我得把这个信念建立在更加坚实的证据之上。

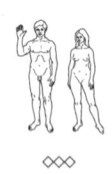

语言是由什么构成的？

语言是什么？有一个巩固我们认知的方法，是用批判的态度检验那些通常被认为是语言的重要特质。这样我们就可以安心地在动物身上寻找语言能力的证据，而不用否认我们有一些特别之处。例如，20世纪60年代，语言学家查尔斯·霍基特（Charles Hockeett）认为一个沟通系统必须满足13个标准才能被称为真正的语言。我们可以驳斥这些标准中一部分过分着眼于人类语言的内容，但有一些标准确实值得深思。无论如何，思考那些看上去对人类语言十分重要的属性，可以让我们更加明确应不应该在其他动物身上寻找特征，以及寻找哪些特征。

霍基特的第一个标准是最薄弱的，它显示出过度以人类语言作为标准的不可靠之处。他声称，语言必须有一个"发声—听觉通道"。我们可以立刻驳斥这一点。虽然使用声音交流是一种非常高效的途径，但我们当然没有理由认为语言不能建立在不同的电场上（正如我在引言中提到的），就像非洲和南美洲丛林河中的电鱼通过电信号交流，或者乌贼通过皮肤颜色的变化来交流。

略过这些物理限制，霍基特确实进行了一些有趣的观察。在真正的语言中，信息传递本身就独立于信息的准确性之外。尽管将信息的内容与现实世界分离似乎会使复杂的交流变得更加困难，但这个观点很重要。蹄兔的主导雄性会唱一首复杂的歌，但未成年的蹄兔就不会，并非它不想，只是它还不具备这个能力。但真正灵活的语言应该是每个个体在生理层面都能以同样的方式使用的。

霍基特的一些标准，如语义性（即词语的含义），深深植根于我们对语言本质的理解——我将在下文更详细地讨论这一点。

位移性是另一个要素：我们可以谈论不在场的事物，比如谈论昨天上班路上的交通、我在爱丁堡的儿子等。位移性似乎确实概括了在沟通方面人类拥有而其他动物所没有的东西。而且，如果我们只能谈论眼前的事物，那么许多对话会非常无聊。这似乎是认知的特征，而不是语言本身的特征。我们可以期待语言具有位移性，但不应该对此有所要求。

霍基特认为，语言应该具有离散性、任意性和二层性。这三个标准被语言学家广泛接受，但当我们观察动物交流时，难免会质疑它们的普适性。我们在前文提到过离散性：海豚的哨声是连续渐变的，也就是不离散的。海豚的一种哨声可以完美融入另一种哨声中，而你很难将它们区分。语言学家坚持认为语言一定具有离散性，并且会说，在一个基于连续信号的交流系统中绝无可能产生我们所寻求的语言的"无限潜能"。作为一个试图从海豚渐变的哨声中寻找意义的研究者，我认为这个说法太绝对了。我也同意语言不太可能沿着基于连续信号的路线演化，但真的完全不可能吗？我不这么认为。动物会利用自己现有的交流系统。我们的祖先就像现代黑猩猩一样，可以灵活地使用声音信号和手势。这很容易演化出一种由离散单词组成的语言。如果我们像海豚一样受连续信号的限制，也许永远不会演化出语言。这可能就是地球上很少有物种演化出了语言的原因之一，实际上只有人类演化出了语言。或者，如果需求足够大，它们可能会找到一种方法，将连续的信号与无限的灵活性结合起来。在这一点上，我们必须承认，尚未有研究者能够一锤定音。

语言的任意性指的是语言发音与表意之间关联的任意性。比如野餐、积分和太空飞船这些词，它们的发音和意思没有直接关系。说太空飞船时，你的嘴巴并没有变成飞船的样子。总的来说，这是一件好事，因为这意味着我们的词汇不仅限于那些可以通过口头表达来唤起的事物，比如拟声词，你根本没法想象如何用一种非任意性的语言来概括野餐、积分和太空飞船等词的含义。不过，我们可以想象一种大部分词汇是非任意性的语言，埃及象形文字就是一个例子。

语言学家认为语言形态的二层性与离散性同样重要。在人类语言中，有意义的词汇由无意义的元素组成，即我们能用嘴发出的不同声音。有一些规则规定了如何将声音串在一起，但这些规则受自然发声规律的制约（比如"grkjhx"会让你舌头打结），而不是受意义的制约。但组合词语的方式与其含义有关：比如，"动物福利"和"福利动物"的意思大相径庭，而二者在发音上都是符合自然发声规律的表达。多数人类文字通过组合之后会产生几十种无意义的不同发音，如果不把它们组合成词语，我们就只能创造出几十个词汇。与此同时，大多数成年人掌握的词汇量大约6000个。那么，是否有可能想象出一种语言，能够不依靠组合声音的方式来创造有意义的词呢？这并非不可能，然而我们的语言必须使用二元模式，因为我们只能发出几种音调。海豚的哨声则要灵活得多，如果它们可以绕过不使用清晰、独立的声音而带来的问题，那么它们可能就不需要依赖与人类相同的系统来表达意义。

所以，研究是什么让人类语言成为真正的语言在某些方面是有裨益的，而在另一些方面则会分散注意力。人类语言的一些特性可能是真正普适性的规则，有些可能是我们特有的。在我的《动物学家的星际漫游指南》中，我讨论了动物的"语言"在其他奇妙的行星上可能的演化路径，它们或许会变成与地球上的语言截然不同的东西。但在这本书中，我们的关注点是动物的真实表现。如果说一种现实生活中的动物拥有语言，那么有哪些特征是这种动物必须具备的？

至少有三个特征是大多数人认为必不可少的：第一，无论如何定义，词语都是有意义的；第二，词序是有意义的；第三，语境对定义意义的重要性，这个概念需要更多解释。

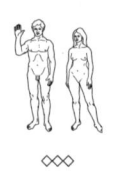

词语有其含义

在人类语言中，或者说在任何能被合理地称为语言的事物中，符号（通常是词语）都有具体的含义。在正确的语境下，"狗"是狗，"猫"就是猫。我们已经创造了大量词汇来描述词语及其含义之间的关系，而语义对于任何一种被视为真正语言的交流来说都是绝对必要的，这个观点也得到了大多数科学家的认同。大多数人会通过语义自如地谈论事物，会用大量的词语来描述我们所看到、感受到的和想要的东西。我们理所当然地认为词语和含义之间是一一对应的关系（尽管含义也可能存在变化，见下文关于语境的部分），不过这可能只是我们以词语为基础的语言根深蒂固的产物。但是，当谈论到动物时，事情就没么简单了。并不是所有物种都拥有词汇，哪怕我们认为有些动物对特定概念发出了特定的声音，也很难确定这是一一对应的关系，比如，青腹绿猴发出的警报声或海豚那每次都略有不同的标志哨声。但我们没法直接问海豚，所以并不清楚这些声音到底代表一个意思还是多个意思。那青腹绿猴呢？它们每次发出的"豹子"的警报声也都不太一样。不知为何，人类却演化出了以"词语等于含义"为基础的系统。这并不是什么坏事，对我们来说，语义关系确实是语言的重要支柱之一。但这也在一定程度上阻碍了我们理解动物所表达的意思。我们总想给动物发出的特定声音赋予特定的含义。黑猩猩是如何在复杂多变的社群结构中生活的呢？狗又是如何在没有词语的情况下理解人类的复杂需求呢？为什么动物和人类如此不同呢？

一种可能的解释是，在我们祖先生活的社会中，复杂的交流系统变得普遍之后，语义才演变出来。词语好像是一种衍生物，是交流的点缀，只不过是在动物发出的普通信号上锦上添花罢了。词语对人类的早期祖先而言可能并没有带来什么好处，对于我们在前六章研究的物种来说，同样没有提供任何优势。实际上，声音与概念之间的一一对应关系可能是大多数交流方式的缺陷之一，但对于除人类之外的任何物种来说都非常重要。要一次又一次地发出连续的、统一的声音可不是一件容易的事。即使是人类，要学习第二种语言的正确发音也要花费数年，甚至永远都做不到。掌握词语需要付出很多努力，而进化论并不支持这种努力，除非它能为个体带来明显的优势。从狼嚎或蹄兔鸣唱这种流动的、可塑性强的信号到刻板的、形式化的含义表达，这样的过程很少发生。当黑猩猩伸出手掌，手心向上，要求得到一些食物时，手势的确切形式其实并不重要。它可以伸出右手，也可以伸出左手，无论哪种方式，其含义都是显而易见的，并不需要正式的规则。

我们所需要的是让声音或手势成为程式化的一部分。同一个动作应该代表某个特定的概念。在大多数动物群体中，这种情况并不常见，很多时候是因为信号本身过于复杂，无法仪式化。例如，蹄兔的歌曲每次都不一样，可能它自己都不知道刚才唱了什么音，期望它准确地重复一个序列似乎很荒唐。信号的仪式化之所以能在我们的远古祖先中被固定下来，是因为他们需要这种可靠性来传达特定信息，还是因为社会交往都变得仪式化了（例如，向更有权势的个体打招呼可能引发特殊回应），我们不得而知。但大部分其他动物都生活在一个非仪式化的社会，因此它们的语义是模糊而相似的。

有定义明确的词语意味着你需要传达一个清晰而确定的概念。和人类相比，动物显然不擅长归纳概念。猴子可能不会把"豹子"本身当作一个概念，而"左边树上的豹子"和"远处地上的豹子"对它来说是不同的概念。我不禁联想到一个被广泛引用但并不准确的观点：因纽特语中有数百个描述雪的词汇[5]。人类与动物的不同之处在于，我们可以想出一个词来形容雪。我们拥有这种概括能力，即便在孩提时代，我们也能从绘本上知道汽车可以是红色或蓝色的、车头上还可能有一个笑脸。虽然用鹦鹉亚历克斯这样的动物做语言实验可以探究它们归纳概念的能力，但只有极少数物种才能给出我们真正想知道的答案。对于大多数动物来说，它们只会满脸困惑地回望我们。

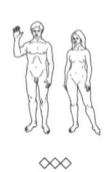

有序即含义

前几章提到过，将不同的声音以新的顺序组合起来，从而赋予其新的含义。但如果拥有词汇就等于掌握语言，那我们需要无限的词汇量才能表达我们想要说的一切。我们虽然聪明，但仍存在局限性。大脑的演化是为了提高效率，以记住每一个概念的词语，但不可能记住无限的词语。对于这个问题，我们将词组合在一起就能解决：不需要单独的词来表达大猫和小猫，只要将"大"和"小"的词与"猫"的词结合起来，这样就形成了一个系统，可以通过它表达大苹果和小苹果、大山和小山等词语组合。句法（即语言结构）所赋予的力量，让你可以表达的概念数量得到爆炸性地增长。大多数语言学家都以语言学鼻祖诺姆·乔姆斯基（Noam Chomsky）为榜样，认为句法能力是将我们与其他动物区分开的关键创新。人类可以表达数量的概念，而其他物种在这方面生来就受到限制。乔姆斯基对计算语言学领域的发展有着奠基性的影响，但他关于语言起源的观点却并未得到广泛认可。事实上，正是由于乔姆斯基坚持认为人类与生俱来就拥有语言能力，赫伯特·特伦斯才将他用于语言学习实验的黑猩猩命名为"宁姆·猩斯基"。一些极端的乔姆斯基主义者甚至声称，我们远古祖先的大脑是通过一次基因突变而开启了特殊的句法能力。就在一瞬间，一个非人类变成了人类，被赋予了语言能力，这与米开朗琪罗在西斯廷教堂天花板上的《创造亚当》不谋而合。上帝和亚当的手指几乎相触，这一著名场景的灵感可能来自拉丁文祷文"上帝右手的手指……赐予语言的能力"。即使在这里，人类的创造也与语言的创造联系在一起。但对其他人来说，这听起来不啻天方夜谭：语言的演化肯定是逐步进行、迭代优化的，而不是偶然突变带来的戏剧性结果，对吧？

将人类语言与动物交流进行比较能给我们带来启发。我们在第四章中已经探讨了句法能力，推测蹄兔歌曲的声音组合数量是个天文数字。然而，蹄兔并没有充分利用句法赋予它们的潜力。最简单的句法是普遍存在的，它是使表达变得多样而独特的最简单的方式。而乔姆斯基所描述的则是一种非常特殊的句法：能够进行有意义且独特的组合，同时具有规律性和明确含义。动物能做到这一点吗？一些科学家认为，部分动物可以，世界各地的许多研究小组正在寻找动物交流中的语言"指纹"。有人声称已经找到证据，证明椋鸟、山雀、大白鼻长尾猴等物种，都会使用乔姆斯基所认为的人类独有的那种组合技巧：他们称之为"合并操作"。在最简单的层面上，这种合并操作描述了人类语言将概念嵌入概念、短语嵌入其他短语的方式。我可以说，"宁姆要去商店买香蕉"，我也可以说，"讽刺性地以一位奠定了语法领域基础的著名语言学家的名字命名的黑猩猩宁姆，将要去商店买香蕉，而且很可能是坐公共汽车去商店，香蕉是它最喜欢的食物。"语言在短语与短语之间流动，甚至在短语内部流动，使得它能够包含越来越多新的、复杂的信息。如果说动物拥有这种能力，那么也只存在于极少数动物中。不过，这些观点在人类和动物交流领域是比较有争议的。如果你的另一半碰巧是一位语言学家，而且正在密切关注你阅读这本书的情况，那你可要当心了。

我们可以训练某些动物至少理解一些人类语法的元素。我曾在第四章中用"语法有含义"这一不太正式的技巧区分语法与句法。海豚、黑猩猩和鹦鹉都具备这种能力。例如，海豚阿克能够区分"把球拿到环那里"和"把环拿到球那里"；倭黑猩猩拉娜可能有一定的词序意识，但黑猩猩瓦苏则没有；鹦鹉亚历克斯能以惊人的能力造出正确的句子。我们在很多物种中都没有发现这种能力。这可能是因为对大多数动物来说，进行如此复杂和非自然的训练任务极其困难。也许我们会发现更多这样的例子，但动物懂得词序重要性的情况很罕见。即使是我们忠诚的伙伴——狗，它们总是在身边与我们互动、对我们的请求和命令做出反应，但它们对语法的理解是非常有限的。关于狗能否理解两个不同单词简单组合（如"球+取回"）的实验并无定论，也存在争议。

为什么语法在动物世界中如此罕见呢？句法几乎普遍存在，但很少有具体含义，即便有，也通常与声音的实际顺序毫无关联。句法更像是一种副产品，是动物发声能力和解读声音的方式被自然限制所产生的巧合。像蹄兔这样的动物可以理解声音顺序的不同，这是它们生活方式的自然结果。但是，通过故意变化顺序来构建特定含义实际上没有任何用处。事实上，即使是那些在驯兽师的帮助下能够理解人类语法的动物，在野外也不会使用这种复杂的语序。因此，使人类与众不同的实际上是认知方面的创新，甚至可能和语言本身毫无关系。这种创新或许与我们思考世界的方式更相关：事物之间有什么关联，它们是恒定的还是随时间变化的，它们与其他事物相互作用时会发生什么变化？我们对这句话的理解体现了认知创新："一旦那个黑猩猩吃了这个苹果，苹果也就不复存在了。"

或许大约100万年前，人类突然领悟了句法的奥秘，从像很多动物一样仅仅理解句法转变为可以实际运用它。这让我们有了更多的交流机会，于是我们的大脑迅速演化，以应对社会群体内不断增多的歌曲、故事、情节，以及为了捕获猎物或争夺权力的计划。句法并不那么有用，也不会变成语法，除非词语有明确的含义。因此，词语很可能就是在我们演化出理解句法含义的能力之后才出现的。

那么，这对我们所拥有的与某些动物交流的能力来说，又意味着什么呢？如果说它们没有我们的词汇和语法天赋，那么我们又怎么与狗狗对话呢？这就是语言的第三支柱，语境的魅力。

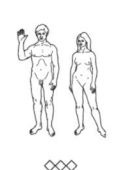

语境亦有含义

当我们与动物交谈时，动物究竟能听懂什么？肯定不太可能是我们的语法。如果不经过强化训练，动物似乎无法领会句子的含义。它们或许能够理解部分词汇，而且某些动物肯定能比其他动物理解得更多。虽然我们怀疑某个动物能分辨我们的词汇，但信息和意图的传递仍然是不可思议的。当我问我的狗："你想要一些奶酪吗？"它总是表现出一定的理解，这是了不起的表现，还是微不足道的表现呢？它听懂了哪个词语呢？肯定不是"想要"，这是一个非常奇特的词，涉及未来可能发生的事，提问者期待一个表示意图的回答。这种时空旅行般的技巧肯定超出了狗的理解范围。对于狗来说，"你"也是一个难以理解的概念，它知道自己的名字"达尔文"，但"你"和"我"的概念，即存在着不同的个体，每个个体都是有意识的存在，对狗来说充其量只是一个朦胧的概念。同样，"想要"和"一些"这两个词实际上也是多余的。"一些"就像"吗"或"你"一样模糊，而"奶酪"才是明确的。的确，"想要"这个词有真正的含义，但它有必要吗？试试没有这个词的句子："你来点奶酪吗？"甚至"想要"这个词也有点多余。这里唯一有用的词就是"奶酪"。奇怪的是，即使对于问题的核心——"奶酪"，我也不确定狗到底能听懂多少。

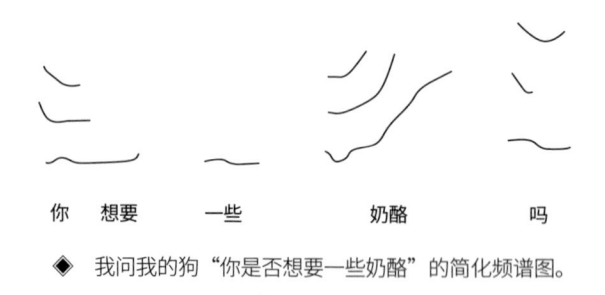

你　　　想要　　　一些　　　　奶酪　　　　吗

◆ 我问我的狗"你是否想要一些奶酪"的简化频谱图。

你可能在自己的宠物身上尝试过这个实验：用任意一个词替代它们喜欢的东西。对于"你想吃点石头吗"或者"你想要一些微积分吗"，它们的反应很可能是一样的。原因并不难找。看看上面的简化频谱图。请注意"奶酪"一词的升调。你是怎么问你的狗要不要来点微积分的？毫无疑问，"你想要一些↗微积分吗？"在提到令人兴奋的事情时，通常会发出这种升调。不管我的狗是否真的理解"奶酪""散步"和"微积分"的含义，但它肯定能听懂语调上升暗含的兴奋感。一个没有升调的句子就有了不同的含义，对人如此，对狗也依然适用。同样的词语和语言结构，含义却不同。怎么会这样呢？

语言不仅仅是词语和句子。我们很容易忽略与他人默契、微妙沟通的轻松之道，直到你们被困在没有共同词汇的丛林中。一个狡黠的眨眼就可以将一句话的含义进行180°大转变:"当然,我们今天下午会完成工作,而不是去酒吧。"

我们如何确定这两种可能的解释中哪一个是正确的呢:"我们将认真地在工作岗位上"还是"我们会悄悄溜出去喝一杯,同时让主管误以为我们仍在办公室"?在这种情况下,我们使用了额外的信息:眨眼。我想有人可能会争辩,眨眼本身就有含义:"别信这句话!"但有时,即使没有这样明确的提示,语境仍然至关重要。

请看这个句子:"是啊,也许我会去花园里吃虫子。"语境决定了我们应该如何准确解读这样的句子。如果你是一位家长,而你的孩子正在生你的气,那么很显然,他们并不是真的要把虫子当晚餐;如果你是一个狩猎采集者,也许字面意思是正确的。讽刺,一种与表面意思相反的陈述方式,我们几乎无法想象它会出现在动物身上。在沟通中,很多不同类型的语境都很重要:眨眼、耸肩或疯狂挥手等肢体语言;了解说话者的一些信息、他们过去的经历与此刻的想法,以及了解我们所生活的世界。

那么"一个红苹果"这个表达呢?这看起来毫无歧义。其实不然。我们可能都知道红苹果是什么:是一个普通的苹果,表皮是红色的。一个从未见过苹果的人会知道吗?肯定不会。也许"红苹果"的意思是苹果从内到外都是红色的?当然,"红李子"通常就是这样的。更不用说这个苹果可能让人联想到纽约甚至麦卡锡主义了[6]。单靠词语和句子是不够的。我们也要依赖语境,使我们的陈述有明确的含义。用不同的例子来展示人类交流对微小的语境差异有多么敏感,是一件很有趣的事情。动物也有类似的敏感性吗?

这个问题的答案并不简单,你应该不会惊讶。一方面,动物似乎必须依赖语境,如果它们的声音没有语义的话,还能用什么呢?狗会对你的语调做出反应,观察你的语气是高亢而兴奋,还是严厉而生气。它们还能捕捉到更通用的语境线索：你是站着还是坐着，手臂是伸向冰箱还是交叉放在胸前？为了取悦人类同伴，它们不遗余力地仔细思考每一条线索。但另一方面，语言中的某些语境元素似乎是人类独有的。在语境沟通中，很大程度上取决于能否理解对话伙伴的实际想法。语境在语言中的真正力量在于，你可以据此猜测另一个人脑海中的想法。他们真的打算吃虫子吗？他们到底在想什么？下面就是一个恰当的例子[7]：

简："我要走了。"

约翰："他是谁？"

这个例子出自特库姆塞·菲奇的《语言的演化》，任何阅读过这本书的人都能理解这段对话，但没有读过这本书的人就会完全摸不着头脑。这两个句子之间似乎没有明显的联系。缺少了什么？除了关于两位主人公关系状况的具体语境信息之外，还缺少了思考过程。当听到简的话时，约翰猜测她的大脑到底在想什么。只有这样，他才能得出结论，用"他是谁"来回答是恰当的。在第六章中，我们谈到黑猩猩之所以能够撒谎，是因为它们意识到自己对世界的认知不一定等同于其他个体对世界的认知，意识到了社会中存在的每个独立个体都有对世界的不同看法。这种意识在其他动物中比较罕见。人类有明确的个体意识，黑猩猩、大象和海豚似乎也有。人们还怀疑其他物种，如乌鸦，可能还包括狗，也拥有这种能力。但这依然是罕见的：只有当你在一个高度复杂的社会结构中演化时，这种理解别人想法的能力才能给你带来具体的优势，黑猩猩和海豚的情况就是这样，我们也可以看到这种能力对狗来说多么有利。不过，如果狗真的有这种能力，那说明它的演化速度非常快。反之，如果你像蹄兔那样不在复杂的群体中生活，这种技能就没有用武之地了。如果缺少了心理状态归因这种能力，很多交流语境就会变得模糊而无用：比如讽刺、夸张、微妙的暗示，以及最关键的对不明显的线索的解读。狗不需要听懂你的话也能理解一些语境，比如你的语气。但是，它们可能永远无法理解反讽的深层奥秘。

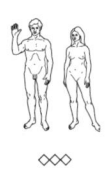

人类语言是一个极其复杂的概念，它庞大而丰富，有词义、词序，还有语境。所有这些都可以与大脑结合在一起，让大脑能够思考过去和未来、不存在的物体、所有可能性……难怪人类语言研究本身就是一门科学。但这并不是本书的重点。我在本章中对人类语言的性质和结构提出了一些见解，但这只是作为参照，让我们更好地了解动物语言。这两者确实有很多共同之处：动物"说话"时有一些句法，甚至能发出一些类似人类词语的声音。虽然它们表达的大部分想法都很简单，但有时会表达一些复杂的想法。不过，动物并不像人类那样能够把所有能力结合起来，使量变产生质变。

人类是如何产生与近亲如此不同的能力的呢？我们可能永远无法知晓，但这很有可能是由一系列的创新推动形成的。一个发展推动另一个发展，加速形成了我们目前拥有的复杂语言系统。从简单到复杂，从词序到词义，再到语境，然后是更多的语言结构，等等。除了这些交流方面的创新之外，我们的认知能力也在同步发展，包括对个人、事物、时间和空间之间关系的理解。

这些相互作用的创新彼此影响，使人类的交流方式如今远远超越动物的交流方式。将我们与其他物种直接相比似乎有些幼稚。显然，"动物是否拥有语言"并不是一个好问题。不过，我们已经在其他物种中揭示了几乎所有语言的基础要素，看到了动物交流方式和人类交流方式的相似之处，所以我们仍想了解，人类和动物究竟有多少共同之处,而不仅仅是差异。尽管我们不认为动物有像人类一样的语言,但我们仍希望与它们对话。我们真的能做到吗?它们是否具备足够的基础与人类沟通呢?

CONCLUSION
结语

> ‹ 如果我们能和动物对话 ›

有了鹦鹉的帮助，医生不久便学会了动物的语言。他能听懂动物们说的话，也能跟它们交谈了。于是，他就彻底放弃给人类看病了。

——《怪医杜立德》，休·洛夫廷

我们都希望动物能与我们交流。动物确实会说话，只是方式与我们不同。现在就有一只乌鸦站在我的窗台上，左右转动着脑袋，想要更好地看清我。鸟类的眼睛在脑袋两侧，我们很难想象它们眼中不连贯的世界。鸟儿一只眼睛看左边，另一只看右边，视野没有重叠，但它们的大脑却能将这两种视觉信息整合起来。所以，如果我们执着于用人类的方式看待世界，那么我们将永远无法理解鸟类的想法。

交流也是如此。如果我们不肯放弃动物和我们用一样的"装置"进行交流的执念，比如同样的耳朵、眼睛和大脑，我们就无法真正进入它们的世界，更无法理解它们在说什么。但其实，我们只需要稍微跳出自己的思维，离开现代人类的世界，试着像动物那样去看、去听、去思考。世界上有许多聪明、会沟通的生物，而这本书中我们只讲了六种。我之所以选择这六种动物，是因为它们复杂的交流方式让我们更清楚地看到动物和人类在表达上的异同。它们是动物界的交流高手，但我们仍然很难明白它们在说什么。我们不理解的第一个原因，是我们不生活在它们的世界里。我们的视力和听力都比不上它们，更重要的是，我们没有像它们一样去观察和倾听，我们做不到像它们那样专注于觅食、躲避天敌以及吸引配偶。但如果不关注它们在意的事，就无法懂得它们在表达什么。第二个原因是，我们总觉得动物应该和我们一样。当我们和家里的猫猫狗狗说话时，我们真心希望它们能理解我们。在某种程度上说，它们确实可以理解我们，但这仅是特例。因为它们经过数千年的驯化，在此过程中，我们双方都努力创造出了一种共同的交流方式。

如果看到动物的本来面目，看到它们实际生活的世界，我们一定能理解它们。只有这样，我们才能看到真实的动物，理解它们真正在说什么。这种欣赏地球物种多样性的方式会令你更满足。毫无疑问，我们与人类之外的动物世界仍有共通之处，有些信号和信息是所有物种通用的。即使不是真正的语言，那也是连接我们和这个星球上其他动物的纽带，因此值得我们深入理解。

为什么要与动物对话？

除了第七章中讨论的人类语言的语义、句法和语境之外，我们当然还发现了一些共有的语言元素，比如狼嚎中蕴含的情绪信息、海豚哨声的无限变化，还有长臂猿的音乐能力。毫无疑问，我们有如此多的共通点，但与此同时，我们也不能将对事物的理解，比如音乐和情感，强加于其他物种，更遑论词语和句子了。人类使用语言技巧沟通交流并不意味着其他动物也要用相同的技巧，即使它们使用相同的交流工具。这是因为，交流的目的不同。比如，故事和诗对于人类来说非常有意义，但其他物种并不会考虑人类这种晦涩的追求。动物如何说话取决于它们说话的原因，我之前已经提及一二：如保持联系，发出谁在附近、谁需要协助的信号，向其他动物传递你的感受和需求，表达你想共处和回避的对象。人类固然不同于动物，不只是我们说话的方式，更重要的是我们对说话方式的思考。我们的祖先发现他们需要一些互动和社交的特别技能，而周围其他物种不需要这些。如今依然是这样。

或许我们只是觉得与动物对话的能力是必须的，否则就好像是我们自身的局限和缺陷在作祟。作为一名科学工作者，我可能比大部分人更容易接受这样的观点：既有真理，何不求之！但我也有一种感觉，或许动物能向我们透露一些秘密，不是科幻小说里的那种秘闻，也不是上古海豚文明的传说，更不是我们没想到的自然法则，而是关于它们是谁、它们如何生活的秘密。因为我们能从社会学、人类学、心理学的角度直接向人们提问，所以研究人类简单多了。想象一下，如果我们可以给长臂猿或鹦鹉发问卷调查，写一本关于动物的社会学书籍，那该多好啊！当然，鉴于这些动物并未演化出一门语言，也永远无法理解我们提出的每个问题，这种方法非常不现实。但是我们可以从其他物种的交流中有所收获。

增进人与动物的交流也有道德层面的原因。过去，与动物对话往往意味着给动物下达指令，这与我们训练它们执行任务紧密相关。当然，这些任务不一定都充满了残忍和剥削，像牧羊犬训练就是一个很好的例子，说明真正的交流关系建立在相互理解的基础上。但没有人问过牧羊犬，它们是否真的想去放羊。大多数和边境牧羊犬共事过的人都会告诉你，它们对此乐在其中：如果它们不做些像牧羊之类的具有挑战性的事情，它们就会焦躁地在屋子里上蹿下跳，咬坏家具陈设。尽管如此，如果动物能够带着自己的意图和想法与我们沟通，那么我们肯定有义务促成此事。虽然我认为海豚喜欢参与我们的科学实验，但如果它们能证实这一点，我会感觉更好。此外，人类虐待并食用这么多种生物，所以听不懂猪、牛或鸡想对我们说什么应该是最好的。

在这次跨越六个物种的旅程中，我们更加深刻地理解了动物在交流时所思考的内容。作为科学家，我们喜欢给自己的研究设定明确的目标，然后评估是否朝着解决问题的方向前进。我在引言中提出了几个具有挑战性的问题，现在该回头想想，我们离答案是否更进了一步。

动物说话的时候想表达什么？
它们是否有我们无法理解的秘密呢？

  我希望能让大家明白，野生动物的世界对我们来说是多么陌生。我们通常用来推断他人话语和想法的方法，在不同的物种间却行不通。人类之所以善于解读他人的意图，是因为在演化过程中，我们掌握了如何预测社交伙伴的未来行为。但这无法帮我们解读动物的信号、声音和意图。因此我们不能单凭直觉来理解动物的意思，而是要深入探究、观察它们的生活方式。一旦我们这么做就会发现，相较于人类而言，它们彼此之间需要传达的信息大多很有限。我们不应该惊讶于动物的沉默寡言，因为我们没有看到它们和我们一样进行大量的交流。狼确实需要向同伴寻求帮助；黑猩猩能表达更微妙的需求和意向；第三章的和尚鹦鹉在筑巢时需要合力搭建树木；第四章中的蹄兔除了"看看我"之外，似乎也没有说过其他内容。动物说话时想表达的意思与它们要做的事密切相关。生活方式复杂多样的动物可能会交流许多复杂的信息，例如黑猩猩和海豚，但仅限于它们需要做的事情；而蹄兔这样的动物生活方式简单，大概也就没什么可多说的了。

  尽管如此，我认为我已经充分展示了动物交流是一门年轻的科学，毕竟卡尔·冯·弗里希发现蜜蜂传递信息的巨大潜力距今也不过百年。我们必须谦虚地认识到，哪怕是今天，我们对动物交流的理解仍然相当有限，何况这些信息还是我们鲁莽地穿越丛林，或是游得太慢追不上一群"滑翔"的海豚时偶尔获得的。

我们试图在动物的声音和行为之间建立联系，这是一种了解动物交流系统的非常简单的方式。或许下一代动物行为科学家会找到一种更好的方法，去探知丛林中长臂猿和苔原狼群的心思。

我们真正理解宠物对我们说的话吗？
这种理解能延伸到野生动物身上吗？

我们周围有很多动物，世界上也有各种各样深谙与动物沟通之人，马语者、驯犬师等不胜枚举。在大多数情况下，这些人与我们熟悉且易被驯化的家养动物打交道，而且我们的指令往往也很实际，如"尽可能跑快点，但别把骑手颠下去""别在地毯上便便"等。我们应该思考，理解宠物的能力是否真的对我们与野生动物的交流有所裨益。

在某种程度上答案是肯定的。就算没有语言，所有动物依然可以交流，而且即使它们使用的信号不通用，也可以进行非常直接的交流。如果你是动物，向某人龇牙和飞扑会传递一种攻击性的信息。如果你觉得这种现象显而易见、不足为奇，那么你已经能深刻理解大部分动物的交流方式了。动物沟通专家的"惊天秘密"同样不足为奇：将你的观察对象当作动物看待，而非人类。当你在街上接近陌生的狗时，它们的身体语言所传达出的细微信号就是大部分动物交流的基础。它们是否四肢紧绷，随时准备逃跑？它们想显得比你更强大（显示攻击性）还是比你更弱小（显示顺从性）？假如你身处狗的世界，生活在野外与其他动物相邻，它们或美味，或危险，你将如何应对？我在前言曾提及英国人典型的问候方式"今天天气不错"，现在听起来多古怪啊。我们期望动物拥有与人类相似的仪式化信号，但仪式化的信号往往具有随意性，几乎无法跨物种翻译。对狗、黑猩猩和海豚而言，龇牙显然是一种攻击性信号，因为牙齿可以撕咬。但在人类中，露齿笑被仪式化为一种愉快的信号。谁能想到呢？这个信号经过了一次偶然的意义改变，所以别指望其他动物能读懂你的微笑。

有些人认为他们与动物交流比别人更容易。那些与猫狗相伴成长的人对动物交流的理解会更深刻，而那些从未与动物打过交道、只能以人类交流为参照标准的人，显然无法与之相比。但有些人似乎有一种特别的优势。科罗拉多州立大学的动物学教授坦普尔·格兰丁（Temple Grandin）曾撰文阐述孤独症患者的世界观与动物交流的关系。[1]格兰丁也是孤独症患者，直到三岁半才开口说话，她认为孤独症患者对交流的理解更接近于动物，因此能够为我们提供关于如何理解动物以及如何被动物理解的重要见解。她从动物的视角设计畜牧围栏，将这样的见解以非常实用的方式应用在了牧场动物福利标准的改革上，比如利用动物天生的群居行为设计弯曲的轨道。孤独症及其对人与人交流、人与动物之间交流的影响是一个庞大的话题，我在这里无法充分展开论述。但格兰丁的基本观点是，孤独症患者较少依赖具体概念及其语言表述之间的关系，而我们在上文中探讨的所有动物中也发现了类似更为灵活的意义理解方式。我们认为词语和含义存在一对一的关系，但这对动物而言难以理解，对孤独症患者来说也不容易。格兰丁活泼、苗条，对任何与动物相关的事都充满热情。我多年前第一次见到她时，她还是一名新晋博士后研究员。她问我在做什么研究，我简短而精炼地作了介绍，告诉她是关于蹄兔的鸣唱，而她坦率地回答："我不知道那是什么。"但当我向她描述这些毛茸茸的小动物在石头间跳跃并发出一长串音来宣示领地时，她立刻理解了，并且完全被这个想法迷住了。格兰丁教授假设，孤独症患者理解概念时更依赖视觉心理图像，她需要借助那个站在岩石上毛茸茸小动物的形象，才能理解我所表达的意思。根据她的理论，动物有相似的认知方式，词语对动物来说意义甚微或毫无意义，动物和孤独症患者都更依赖于非语言的概念表达方式。

格兰丁的想法很有趣，但尚未被主流认可，很难以严格的方式去检验它，但也不失为一种不错的初步假说。我在与孤独症学生的互动中发现，他们会为动物交流的研究带来有趣且富有热情的视角。或许因为多样化的世界观会带来多样化的观点。的确，神经发展异常的年轻人常常会成为杰出的科学家，其原因之一在于他们可以看到传统视角下会被忽略的联系。如果想理解动物说了什么，我们需要的正是这样的视角转变。

宠物与野生动物非常不同，上千年的驯养让它们与自己的野生祖先变得大相径庭。但改变并不彻底，至少我们可以坐下来观察身边的猫狗并和它们互动，它们也乐在其中。与宠物的交流并不在于教会它们人类的词句，比如"坐下""躺下""把它放下"，真正的交流是观察它们作为动物的本性。如果你把训练狗"坐下"的目的抛诸脑外，那么在与它相处的时光里，你会看到什么？你很有可能会看到你和狼群共处时观察到的情况：它们会通过行为表达恼怒或表达对社交互动的渴望，舔你的手或趴在你身边。比起词句，这些行为才是动物真正的语言，你与它们相处的时间越久，你就越能注意到这些真正的动物语言。

把人类拥有的概念、对话和语言强加给动物是否合理？

也许将动物直接与人类相比是不合理的。我们有必要找到一条界线，区分哪些是可以通过人类行为合理推测的动物特性，哪些是会使跨物种比较显得愚蠢又多余的人类特性。我在前面的章节中谈到了很多概念，动物在交流中所表达出来的情感对人类而言很熟悉，诸如恐惧和欲望、炫耀与和解。很久以前，科学家和哲学家声称动物不像人类一样有情绪，现在我们知道，事实与之相反。自从第一批动物出现以来，情感一直是演化的驱动力：进食、不被吃掉、繁衍生息、照顾家庭。从这种角度来看，我们与其他物种有如此多的共通之处，这并不令人惊讶。在过去的100万年里，人类与其他动物显著分化的地方在于人类大脑的复杂功能，这些功能似乎超越了单纯的生存和繁衍。抽象思维、想象力和语言本身都源自新皮质，我们大脑的这部分比其他物种要发达得多。但这是否意味着动物没有想象力呢？答案是否定的。我们仍然无法完全理解什么是想象力，或者它是如何在大脑中形成的。我们通过对六个不同物种交流方式的深入研究发现，几乎所有可以观察到的交流信息似乎都与情感状态相关，而非智力。尽管这还不是最终结论，但它确实说明了，我们在探究动物交流时，应该更多关注动物沟通中的情感，而不是它们的想法。

我已经说过，或者至少暗示过，除了人类以外，没有任何动物拥有真正的语言。但我并未明确定义什么是语言。科学界对语言的明确定义颇具争议，它要么取决于计算语言学中晦涩难懂的细节，比如到底用了哪种语法；要么取决于我们无法为人知晓的心理状态，比如说话者在说话时到底理解了什么。不过，一个清晰的定义是有用的。我常常听人说："动物一定有语言吧，它们会互相交流，不是吗？"诚然，我们可以简单地将语言与交流画等号，这样一来问题就迎刃而解了。但这种做法会对我们自身乃至科学都带来巨大的负面影响。人类实际上做的事，比如建造、书写和发明，与其他动物的行为都截然不同，这表明其中起作用的机制并不一样。而科学正是要了解这个机制。语言不同于单纯的交流，但如何划定界线尚不明了。也许现在还不必如此明确。的确，总会有一些难以解释的案例，比如鹦鹉亚历克斯到底有没有真正的语言能力？但即使是不同寻常且难以解释的案例也不会影响主要的区别：人类的表达不受限制，而没有语言的其他物种仅限于表达有限的概念。或许人类与动物之间的理解就像这两个截然不同的观点一样，人类难以理解动物，反之亦然。但有些科学家有不同的看法。

在2023年初，我写这本书的时候，已出现了许多基于最新人工智能的新方法来"解码"动物交流的秘密，主要研究对象是海豚和鲸等鲸目动物[2]。我在第二章中曾提及这个方法。他们的依据是，机器学习的进步已经达到了这样的程度：只要有足够的数据，计算机就可以提取动物信号中的含义，并将其翻译成人类语言。不管这个目标是否现实，至少值得一试。毫无疑问，像神经网络这样的新工具和人工智能算法可以将动物信号整理分类，并分解成具有某种自然关系的组成部分。例如，在第二章中，我们提到了两种相似的海豚哨声到底是同一信号的变体，还是两个完全不同的信号，目前尚无明确的答案。机器学习也许可以帮助解决这些问题。能使用复杂交流方式的动物不只有海豚，还有会唱复杂而多层次的"鲸歌"的鲸。尤其是座头鲸的歌声，这种歌声将不同元素组合成主体部分，再加以细微的变化，串联成悠长的歌曲。要确定这些复杂的歌曲如何从一个主题过渡到另一个主题、识别个体之间共有的旋律模式，甚至是某个体对另一个体叫声的响应特征，应用人工智能来解读再合适不过了，但这并不代表我们可以直接将海豚的哨声或鲸的歌声翻译出来。

当然，这首先取决于这些声音中是否真的包含需要翻译的"语言"。我们目前还不知道鲸类动物有意传递多少信息。大多数科学家认为并没有很多信息，或者至少不像语言那样有词汇、句子、明确的概念、问题和答案等。如果真是这样，那么将鲸歌翻译出来可能没有太大意义。不过我们对动物行为知之甚少，尤其是像鲸和海豚这样难以捉摸的动物。我们并不清楚它们之间需要说什么。

也许其中的交流比我们想象得要多，可能只是我们错过了那些类似语言的有趣行为。我们反复研究，但并没有发现任何迹象表明座头鲸或其他物种和我们一样使用语言。我们从未看到这些动物展现出"嗯，要是有语言就更好了"的行为迹象。狼、海豚甚至座头鲸的行为中也没有证据表明，拥有和人类一样的语言会对它们更有帮助。因此，它们不太可能演化出这样的语言。

这并不是说我们不能通过神经网络获取有关鲸歌的有用信息。歌曲很可能包含了很多歌唱者的信息，甚至表达出它们的需求，比如寻找伴侣等。当然，我的推论也可能是错误的。继续进行此类人工智能项目或许给我提供了一个验证假设的机会，即海豚不像人类那样说话。在科学界，没有什么比找到证据推翻一个为世人普遍接受的假设更令人兴奋的了。我的确很想发现座头鲸真的会使用词语说话，但如果真实情况恰恰相反，如果计算机算法告诉我们其实鲸鱼不会说话，只有人类才拥有真正的语言，这会令人失望吗？当然不会，我们应该以真实的动物为傲，而不是期望它们成为我们想象中的样子。

我们和动物到底有多不一样，
其中有多少是由我们的语言造成的？

在第六章中，我们差一点就发现了人类和其他动物之间真实可见的联系。人类和黑猩猩如此相像，它们的每一个特性对我们来说几乎没什么差别，这让人忍不住想，唯一让它们不属于人类的，也许只是缺乏语言能力而已。事情真的这么简单吗？大约300年前，朱利安·奥弗鲁·德·拉·梅特里（Julien Offray de La Mettrie）提出了一个震惊法国社会的想法：猿类经过适当的语言训练"会成为一个完美的人，一名绅士"[3]。由于这个理性主义的观点，他备受嘲笑，不得不逃离法国前往普鲁士。现在，得益于对进化论和自然选择的理解，再加上一个世纪以来重要的也许尚不充足的考古证据，足以让我们拼凑出人类600万年的演化历程。在这段历程中，我们的祖先与黑猩猩的祖先逐渐分道扬镳。只是我们还不能指出一个事件，甚至一个物种，然后说"非人类就是由此变成了人类"。工具、文化、对家庭的关爱，这些都不是人类和黑猩猩的明确分界线。很难想象当一个非人灵长类动物转变为完全成熟的人类时发生了什么。有可能真的有那么一个时刻，我们灵光一现：某天早上，一只猿类幼崽或许生来就具备一种语言能力。但倘若果真如此，那个孩子也找不到聊天对象。

我认为，将我们的祖先与其他生物区分开来的语言并不是突然出现的，语言是智能灵长类动物大脑演化过程的必然产物，这一过程早在它们被称为人类之前就已经开始了。事实上，现代黑猩猩表现出许多对语言演化至关重要的特征，这意味着我们的共同祖先，600万年前生活在中非丛林中的猿类可能也拥有这些关键的能力，并将它们传给了所有后代，包括人类和黑猩猩。其中最关键的是了解自己和他人想法的能力，在地球上的所有动物中，拥有这项能力的物种寥寥无几。有一些证据表明，包括黑猩猩和大象在内的少数物种可以意识到，它们在镜子中看到的形象实际上是它们自己而不是别的动物。一旦你意识到自己是个体，那么你就可能明白，其他动物也是独立的个体，拥有自己的想法、欲望和意图。现代黑猩猩复杂的联盟行为表明，它们至少理解如何操纵其他黑猩猩，了解对方的想法并利用这一点。一旦认知达到这种复杂程度，大脑就具备了支持某种语言的必要条件。我们能够传递复杂的想法，正是因为我们的大脑能够思考这些复杂的想法。当然，这样的复杂认知并不能保证语言的产生，黑猩猩似乎就缺乏那种巨大的飞跃。但正是这种大脑构造的复杂性才让语言成为可能，这就是为什么人类的语言能力独一无二。

最后……

洪荒之际，生命已开始交流。我们所知道的最早的有机体生活在38亿年前浅潟湖的菌垫中。那些细菌生物很可能和现在的细菌一样，也彼此交流。它们由于无法移动而挤成一团，分泌化学物质向邻居发出信号，告诉它们哪些营养物质充足或缺乏、细菌垫是否拥挤。这远远超出了你对最简单的单细胞生物的想象。

20亿年后，细胞聚集在一起，构成了更复杂的有机体：即我们今天看到的植物、动物和真菌的祖先。细胞如何齐心协力、协同工作？唯有沟通。如今，你身体里的细胞通过一个复杂的、尚不为人完全理解的化学信号和电信号网络进行交流：何时抬起手臂，何时提高心率，何时攻击入侵或变异的细胞等。生命的复杂性或任何复杂性都离不开交流。10亿年前，所有动物的祖先在演化中拥有了新的特殊能力：成为多细胞、可移动的生物。现在，这些有机体面临着新的挑战。与菌垫里的细菌不同，这些几乎算是动物的生物四处游荡，很可能最终彼此相隔甚远。它们的交流就有了一个新任务：找到伙伴。性别在10亿年前就已经产生了，这些生物如何寻找配偶，如何确保四处散布的后代能够生存和繁衍？后代的成功生存和繁衍就是演化的保障。这些孤独的"游牧"生物可能面临巨大的压力，需要彼此保持联系。在早期的地球上，交流主要是依靠化学物质：如果你能利用嗅觉觅食，那么你就有能力解读其他生物发出的化学信息。然而，随着对复杂交流需求的日益增长，化学介质就显得不够灵活了，因为气味和味道在海洋环境的水流中很容易混合与混淆。但幸运的是，生物已经演化出了其他的感官系统。运动会产生振动，如果你在寻找移动的猎物，或要警惕移动的捕食者，那么感知水中的振动就成了一项重要的技能。而声音其实就是一种振动，所以动物对声音的感知能力随之演化出来，同时也演化出了发声的能力。

随着动植物开始在干燥的陆地扩张，环境的多样性和复杂性呈爆炸式增长。动物为了适应特定的生态位，逐渐发展出了高度专业化的特征，这使得它们的生理结构和行为模式变得越来越复杂。很久以前，节肢动物就已经统治了世界，如昆虫、蜘蛛和甲壳类，如今在很大程度上仍然如此。昆虫尤其成功，它们适应了广泛的生态位，有些还演化出了复杂的社会性群落，如白蚁群。在这个由成千上万个个体所组成的庞大群体中，沟通至关重要。守卫蚁群需要传达哪里需要帮助的信息，觅食时需要在新的食物源发出信号，抵御捕食者和入侵者时需要发出警告信号。蚂蚁的信息素路径和蜜蜂的摇摆舞无疑是复杂的交流方式，但这些方式所能包含的信息仍然有限。这是为什么呢？原因之一在于它们坚硬的外骨骼。昆虫和它们的近亲不可能长得很大，也不可能演化出大型生物的复杂机能，尤其是复杂的大脑，因为没有任何坚硬的东西来支撑它们柔软的内部。内骨骼的出现是脊椎动物演化的重要里程碑，使它们具备了更复杂的信息处理能力。而大脑，从最广泛的定义来说，就是动物的信息处理中心，是复杂沟通的源头和终点。

随着动物在体型上演化得更加多样，它们也能容纳更大的大脑，交流能力也随之增强。青蛙呱呱叫宣告这片池塘属于自己；恐龙通过咆哮和亮出彩色鳞片来互相传递警告信息。在众多动物中，有两种动物需要尤为特殊的交流方式：鸟类能够通过长距离飞行寻找食物和巢穴，它们需要一种交流系统，可以在树与树之间传递关于领地的信息，并将可靠的信号传递给配偶和后代。使用复杂的声音信息是鸟类在树梢间交流的理想解决方案，因为视线在树间通常会被阻挡，而声音在树间的传播效果良好。会飞的小恐龙广泛适应了从丛林到南极的各种环境，鹦鹉更是演化出了应对其生态位需求的智慧和复杂的沟通能力。但是，就像此前的昆虫一样，飞行动物受到生活方式的严格限制：它们要保持轻盈，却需要很多能量来支撑飞行。很少有物种用更大的体重和更多的能量来支持大脑的功能，因此在现存的10,000种鸟类中，鹦鹉的存在仍然是不寻常的。

在此之后，哺乳动物悄然登场。当时的哺乳动物体型还很小，大多是夜行性穴居动物，它们昼伏夜出的生存策略可以相当有效地避开掠食性恐龙，因为那些喜欢阳光的冷血捕食者在夜晚没有足够的能量追赶它们。夜行生活方式让这些哺乳动物演化出了能在黑暗中看清东西的大眼睛，以及能听到猎物发出声音的灵敏耳朵。以此为基础，哺乳动物就有了处理所有复杂感官信息的大脑。就这样，这些能力完美地融合在一起，构成了复杂交流必需的所有基础。后来，一颗巨大的小行星撞击地球所造成的气候变化灭绝了大型冷血爬行动物，哺乳动物从洞穴中崛起，并分化成数以千计的新生态位。哺乳动物的大脑具有复杂的物质基础，新形成的生态系统也日益蓬勃发展，两者共同作用产生了一系列令人眼花缭乱的新型交流形式：吸引配偶的交流、标记领地的交流、向家庭发出警报的交流，以及建立和维持复杂社会的交流。早在恐龙灭绝之前，蹄兔的祖先可能就像今天的蹄兔一样，对着它们的竞争者高声鸣唱。正是这些简单的开始，催生出我们在前文讲述的各种哺乳动物。狼与猫科动物、熊、黄鼠狼一样是天生的猎手，它们行动敏捷，需要通过交流与家庭成员保持远距离联系。一些哺乳动物像河马一样爬进海洋，通过演化得以利用那里广阔的环境，变成我们今天看到的海豚，它们在水下需要进行长距离交流的能力，海洋生活的挑战也推动了它们的合作和智慧的发展。

而在陆地的森林和丛林中，演化的轨迹另辟蹊径。猴子及其近亲将哺乳动物的智力发挥到了极致：在丛林的复杂环境中，它们可以合作寻找食物、保卫领土，甚至会操纵环境来谋求自身利益。有些动物，如长臂猿的祖先，将它们发达的大脑能力用于歌唱；另一些动物则利用大脑加强合作，形成更大的群体，并进行更复杂的互动。就在600万年前，黑猩猩祖先的一个分支开始了一段快速演化的"过山车之旅"，它们的语言能力以及控制说话和复杂合作的大脑不断成长，最后从丛林中突围而出。如今，它们的后代遍布全世界。

现在，人类的时代到来了。38亿年之后，动物仍然在交流着。但我们的世界远比充满细菌黏液的咸水潟湖要复杂得多，人类的交流方式也相应地变得更加复杂。就在地球这漫长生命历史最后0.02%的时间里，语言演化了。如果把生命的历史和交流的历史压缩成一整天，语言只出现在午夜前最后20秒。语言真的如此特别吗？还是说它只是最新的流行趋势，就如蝴蝶绚丽的色彩或食蚁兽那夸张的长舌一样，只是一种特殊的适应方式？当我们将自己与其他动物对比时，不要忘了，我们只是地球这个巨大生态系统中的一小部分。我们的语言虽然令人印象深刻，但它只是为了适应环境而诞生的数百万种交流方式中的一种。与其认为我们的能力有多么特别，不如将其视为我们祖先和近亲的能力的延伸。我们越是摒弃人类中心主义，就越能置身于动物的环境中去理解它们，越能敞开心扉去认识那些在我们周围以截然不同的方式沟通的生物。我们真的没有什么可失去的，除了对坐在创造之巅的幻想，而这本来就是一种幻觉。

ACKNOWLEDGEMENTS
致谢

首先，我要感谢安杰拉·达索教授，她是我的全方位合作伙伴和最亲密的朋友。在我研究的许多困难时期，在我失去了15年的挚友"达尔文"时，她一直支持着我。"达尔文"不仅是我的宠物狗，它还鼓励我、安慰我，是我永远的好伙伴。达索是我们生物声学研究小组的成员，我还要感谢其他伙伴：小狗音乐家霍利·鲁特-格特里奇（Holly Root-Gutteridge）博士、曾是狼/熊/胡狼专家而现在成了松鼠专家的贝丝·史密斯博士、驯狗师和动物园管理员洛蕾塔·欣德勒（Loretta Schindler），以及红狼保育专家兼小说家的埃米·克莱尔·方丹（Amy Clare Fontaine）。尽管我们分布在世界各地，但我们依然每周会面，为持续探索动物交流的意义谋划着。还有萨拉·托里斯·奥尔蒂斯博士，她是一名多才多艺的海豚训练师、海豚研究员、鹦鹉研究员和无人机驾驶员，她在特内里费的公寓成了我们的研究基地。

我阅读了许多同行发布的学术资料，他们在延伸阅读部分提到了许多人，但我想特别感谢卡特·霍贝特（Cat Hobaiter）博士，她让我在无须亲自去野外与黑猩猩见面的情况下，就对它们的生活有了无比深入的了解。艾琳·佩珀伯格教授也就非洲灰鹦鹉的问题与我进行了深入交流，让我受益匪浅。我多希望能在亚历克斯在世时见见它啊。

在野外工作中，我要感谢的人可太多了。不管如何，我最该感谢的是阮寿德，没有他的话，我的后勤、许可证、搬运、设备事宜必定是一团乱麻。而且，我在丛林茂密的崎岖山路上跌跌撞撞，他却能健步如飞。我愿意无条件地相信他。

坐落在宁静的剑桥大学校园中的格顿学院给了我很大的支持，我的学生也给了我许多好建议。我的编辑康纳·布朗（Connor Brown）非常认真负责，他建议我哪里该娓娓道来，哪里该一笔带过，如果你觉得这本书详略不太得当，那八成是因为我的一意孤行。

我的父亲莱斯特和儿子西蒙读了我写完的每一章，并给出了第一手反馈。他们几乎总是意见不一，但我认为这恰恰说明了这本书会拥有广泛的读者群。

最重要的是，我要感谢所有动物，它们是我所写内容的核心，包括我亲眼看到的黄石国家公园和意大利北部的狼，我只听说过的威斯康星和西班牙北部的狼，英国狼保护信托基金已与世长辞的托拉克和莫西；特内里费的海豚阿基里斯和尤利西斯，以及以色列埃拉特那些习惯了人类的野生海豚；满是非洲灰鹦鹉的鸟舍；还有不计其数的野生鹦鹉和蹄兔……当然还有那些处于灭绝边缘的东黑冠长臂猿，它们美丽而脆弱，它们的啼鸣在密林中余音不绝。

最后要感谢你，我亲爱的读者。如果你能放下这本书，走出去看看世界上的动物，听听它们的声音，并试着理解它们所拥有的陌生又熟悉、复杂又意外的简单小世界，如果你能做到这一点，那么我的任务就完成了。

阿里克·克申鲍姆
2023年4月写于吉尔顿学院

NOTES and FURTHER READING
注释及延伸阅读

◆ 前言

也许你在读这本书前已经读过很多关于动物交流的书籍了。市面上有一些关于某物种的科学著作,例如多萝西·切尼(Dorothy Cheney)和罗伯特·赛法斯(Robert Seyfarth)的《狒狒形而上学》(*Baboon Metaphysics*)以及弗兰斯·德瓦尔的《万智有灵》。这两本书我都推荐阅读。有时候,通过富有智慧的小说来了解动物的生活,可能是最好的入门方式。在前言中我提到了理查德·亚当斯的《兔子共和国》和欧内斯特·汤普森·西顿的《我所认识的野生动物》。这两本书都是极好的例子,它们通过适度的拟人化让读者能与角色产生共鸣,同时又蕴含足够的自然历史知识和智慧,让我们了解这些动物的真实生活。

虽然我没有在本书中特别提及,但我还推荐罗恩·洛克利(Ron Lockley)的《兔子的私生活》,这本书不仅启发了理查德·亚当斯创作《兔子共和国》,还展示了如何用小说一样的生动叙述描绘对野生动物真实生活的科学观察。

我还要提一本书,理查德·P.费曼(Richard P.Feynmen)的《发现事物的乐趣》。费曼是一位物理学家，但他也倡导用通俗易懂的方式解释复杂的科学原理。他的书都非常值得一读。

1. 在《谈谈方法》《哲学论文与通信》等早期著作中，笛卡尔明确提出"动物是机器"这一对后世哲学发展具有重要影响的哲学命题。"无机的自然界是机械的，有机的植物界也是机械的，连动物界都是机械的。飞禽走兽会自己做机械运动，会飞会走，会吃会唱，但这些都是位置移动，所以都是自动的机器。"（译者注）
2. 欧亚鸲又名知更鸟，是一种广泛分布的小型鸣禽。（译者注）
3. 《怪医杜立德》是纽伯瑞金奖得主休·洛夫廷的代表作之一，讲述了小男孩汤米·斯塔宾斯和能够听懂动物的语言并与它们对话的怪诞医生杜立德之间妙趣横生的冒险故事。（译者注）

◆ [第一章] 狼

关于狼的书籍琳琅满目，包括狼的生活、与狼共处以及狼的生物学等方面。虽然要找到关于狼交流的背景资料并不难，但我想在此推荐一些专家的著作：

1. 《乌鸦银斑的故事》，收录于欧内斯特·汤普森·西顿的《我所认识的野生动物》中。西顿可能是20世纪初最著名的自然作家，他以一种身在自然中的视角和笔触，让读者瞬间被带入他所描述的世界。建议多读一读西顿的作品。
2. 里克·麦金太尔（Rick Mcintyre）的两本书，《8号狼的崛起》和《21号狼的统治》，从动物行为领域最有经验的观察者的角度，详细描述了黄石国家公园狼群的生活。麦金太尔将数十年的野外笔记转化为引人入胜的故事，每一个细节都细致真实。
3. 除了与狼研究者的一般交流外，我特别感谢我的同事艾玛·纳罗茨基（Emma Narotzky），她的硕士论文《人类与狼的嚎叫》极具启发性，值得一读。
4. 请见里克·麦金太尔《21号狼的统治》中的第八章《拉马尔谷的战斗》。
5. 请见丹尼尔·T.布卢姆斯坦（Daniel T.Blumstein）的《恐惧的本质——野生动物的生存法则》。丹尼尔从广阔的视角探讨了人类行为与其他动物行为之间的演化关系，其中的很多方面都是我在自己作品中所表达的核心内容。他给我们所有人的座右铭和建议是"看到你心中的旱獭"。

◆ [第二章] 海豚

关于海豚行为、海豚交流的小说和纪实文学也相当丰富多样。可以先读一读贾斯廷·格雷格（Justin Gregg）的《海豚真的聪明吗？》，以下列出的丹尼丝·赫青的书籍也是不错的选择。

> 1. 戈登·伯格哈特（Gordon Burghardt）的《动物游戏的起源》(*The Genesis of Animal Play*) 详细介绍了包括昆虫在内的整个动物王国中各种类型的游戏行为。
> 2. 丹尼丝·赫青的《海豚日记：我在巴哈马与点斑原海豚相处的25年》生动描述了野生海豚研究的真实情况。
> 3. 对细节感兴趣的读者可以参考我于2013年发表的论文《海豚标志哨声中的个体身份编码：需要多少信息？》。
> 4. 布里斯托尔大学的斯蒂芬妮·金（Stephanie King）是野生海豚交流研究的领军人物。这项特别的发现来自她的团队于2022年撰写的论文《战略性群体联盟增加了雄性瓶鼻海豚获得争议资源的机会》，发表在美国国家科学院院刊上。

◆ [第三章] 鹦鹉

本章最有趣的部分都出自艾琳·佩珀伯格的书（如下所示）。如果你对鹦鹉的生活非常感兴趣，我特别推荐凯瑟琳·托夫特（Catherine Toft）和蒂莫西·赖特（Timothy Wright）的《野生鹦鹉》，它娓娓道来，引人入胜，是我非常喜爱的一本书。

> 1. 可以通过艾琳·佩珀伯格的畅销书《亚历克斯和我》了解亚历克斯的故事。
> 2. 这里的"联想"指的是，比如一只鹦鹉每次听到"香蕉"这个词的时候，就会有人给它一根香蕉，那么久而久之，每次一听到"香蕉"，鹦鹉就会联想到香蕉并期待能够得到一根香蕉。(译者注)
> 3. 指称能力是语言学习的基础，这种使用符号或信号来表示想法并与他人分享的能力是语言发挥

作用的关键部分。(译者注)

4.鸟类的鸣声包括鸣叫和鸣唱。鸣叫的结构较为简单;而鸣唱通常更复杂,由雄鸟在繁殖季发出,声调婉转、曲目更多,用于防卫领地和吸引配偶。(译者注)

◆ [第四章] 蹄兔

虽然关于蹄兔的书籍很少,但网上有很多人分享关于蹄兔唱歌的视频。你也可以通过查阅阿米亚·伊兰尼(Amiyaal Ilany)、李·科伦(Lee Koren)、弗拉德·德·马特瑟夫(Vlad Demartsev)和我的论文,来了解这种特殊的小动物的大部分信息。

1.用五个音组成"七言"歌曲的方式有 5^7(78,125)种。

2.语法和句法之间的区别微妙且各不相同,因学科而异。我打算在这里自由运用"句法"一词,指的是任何非随机排列的词或声音,并将语法解释为一套规则,一种为词序提供实际意义的规则。

3.对于那些对数学感兴趣的人来说,由 n 种不同的音组成、长度为 k 个音的歌曲,其不同排列方式的数量是 $(n + k - 1)!/[k!(n - 1)!]$。因此,对于一首由五种音组成,长度为29个音的歌曲来说,这个数量等于 40,920。

◆ [第五章] 长臂猿

有点出人意料的是,关于长臂猿生活的畅销书并不多。这些稀有又迷人的野生研究对象的文献稀缺,这一现状急需改善。查尔斯·达尔文在《人类的由来》中对长臂猿行为的描述颇具趣味,但唯一真正全面的当代描述可以在萨德·巴特利特(Thad Barllett)于2009年出版的《考艾国家公园的长臂猿》中找到。

1.引自杰里米·拉马克斯、帕特里夏·拉马克斯以及埃利奥特·海莫夫的《长臂猿的响亮啼鸣:曲目库、组织和语境》[*Loud Calls of the Gibbon (Hylobates lar): Repertoire, Organisation and*

Context]，该文章发表于1984年《行为学》杂志第91卷第1/3期，第146—189页。

2.3.4 关于长臂猿的大部分数据（特别是转换图）都来自安杰拉·达索博士的博士论文《探索白掌长臂猿和大鼠发声交流的内部结构》（*Exploring the Interior Structure of White-handed Gibbon and Rat Vocal Communication*），可从威斯康星大学麦迪逊分校网站下载。

◆ [第六章] 黑猩猩

与长臂猿相比，描写黑猩猩的畅销书目就相当丰富了。其中最著名的要数珍·古道尔的两本书《黑猩猩在召唤》和《大地的窗口》，这两本书都是早期科学家对于理解我们最亲近的亲缘物种的尝试，叙述引人入胜。其他书籍则涉及圈养环境下黑猩猩的行为，如弗兰斯·德瓦尔的许多书籍，以及安德鲁·哈洛伦的《猿之歌》。如果你想更全面地了解这个物种，可以试着读一读凯文·亨特（Kevin Hant）的《黑猩猩》。

1. 对于社会结构演化史的解释通常聚焦于雄性优势，而非雌性。这究竟是男性科学家的偏见，还是它确实是一种有效的演化方法？这个复杂的问题尚未有定论。
2. 引自斯文·格劳温德（Sven Grawunder）等人的《黑猩猩的元音类声音和声音质量暗示了人科谱系中的共振峰空间扩展》（*Chimpanzee Vowel-Like Sounds and Voice Quality Suggest Formant Space Expansion Through the Hominoid Lineage*），发表于2022年3月1日《英国皇家学会哲学学报》B卷（*Philosophical Transactions of the Royal Society B*）。
3. 改编自凯瑟琳·克罗克福德（Catherine Crockford）和克里斯托夫·伯施（Christophe Boesch）的《野生黑猩猩中的特定情境叫声分析：吠叫》（*Context-Specific Calls in Wild Chimpanzees: Analysis of Barks*），发表于2003年《动物行为学》（*Animal Behaviour*）第66卷第1期，第115—125页。
4. 线上词典，在线发布于https://greatapedictionary.ac.uk/

◆ [第七章] 人类

在这里，我想让读者自己探索对人类和人类语言的理解。这方面的资料汗牛充栋，但我仍然鼓励认真的读者去研究莎士比亚的作品，他的作品中包含了足够多关于人性的内容，几乎可以满足任何好奇心。

1. 值得一提的是，尽管珍·古道尔是第一个观察到黑猩猩使用工具的科学家，但像图瓦人这样的中非狩猎采集民族早就知道它们有这种行为。不管怎样，古道尔的书《大地的窗口：珍爱黑猩猩30年》是了解黑猩猩的绝佳入门书籍。

2. 来自克莱尔·斯波蒂斯伍德（Claire Spottiswoode）、基斯·贝格（Keith Begg）和科琳·贝格（Colleen Begg）的《响蜜䴕与人类互惠共生中的信号传递》，发表于2016年《科学》杂志第353卷第6297期，第387—389页。

3. 如果你想了解更多关于这方面的信息，可以参考亚当·米克洛希的《狗的行为、演化和认知》(Dog Behaviour, Evolution, and Cognition)。

4. 来自萨拉·马歇尔-佩希尼（Sarah Marshall Pescini）、卡米尔·巴辛（Camille Basin）和弗里德里克·朗格（Friederike Range）的《在合作拉绳任务中，有经验的伙伴并不能帮助狗像狼一样成功》(A Task-Experienced Partner Does not Help Dogs Be as Successful as Wolves in a Cooperative String-Pulling Task)，发表于2018年《科学报告》第8卷。

5. 实际上，人类语言中有许多描述雪的种类的词：湿雪、粉雪、暴雪、雨夹雪等。尤皮克语和因纽特语中，经常出现由多个组成部分构成的长复合词，一个词就可以是一个完整的句子。比如，根据人类学家伊戈尔·克鲁普尼克（Igor Krupnik）的说法，尤皮克语中"matsaaruti"的意思是"可以让雪橇滑板结冰的湿雪"。

6.《红苹果：冷战时期纽约的共产主义和麦卡锡主义》是菲利普·迪里的一本著作。这里再次凸显了语境的重要性：只有当你意识到纽约的别名是"大苹果"（The Big Apple）时，才能理解这本书的书名。

7. 摘自特库姆塞·菲奇（Tecumseh Fitch）的《语言的演化》。

◆ 结语

硬要从创作于20世纪20年代的儿童故事系列《怪医杜立德》中寻找与动物交流的知识并不是个好起点。我在前几章推荐的书籍固然有帮助，但书籍的作用终究是有限的。没有哪本书能比大自然本身更能让你了解自然的奥秘。要想理解动物，就需要亲眼看看它们：无论是家里、花园中、动物园，还是在野外。

1.我强烈推荐2010年HBO电视台为坦普尔·格兰丁制作的同名纪录片《坦普尔·格兰丁》。格兰丁还写了许多书,包括《我们为什么不说话:以孤独症患者的奥秘解码动物行为之谜》。

2.2023年2月的两个活跃案例是地球物种项目(https://www.earthspecies.org/)和CETI项目(https://www.projectceti.org/)。

3.摘自朱利安·奥弗鲁·德·拉·梅特里的《人即机器》。

ILLUSTRATIONS
图片来源

◆ **前言**

P1，维基百科
P17 上，维基百科
P17 中，阿里克·克申鲍姆
P17 下，阿里克·克申鲍姆
P18，阿里克·克申鲍姆

◆ **[第一章] 狼**

P21，私人收藏
P25，阿里克·克申鲍姆
P31，阿里克·克申鲍姆
P33，阿里克·克申鲍姆
P37，阿里克·克申鲍姆
P39，阿里克·克申鲍姆
P40，阿里克·克申鲍姆
P42，阿里克·克申鲍姆

◆ **[第二章] 海豚**

P49，私人收藏
P51，阿里克·克申鲍姆
P53，阿里克·克申鲍姆
P56，阿里克·克申鲍姆
P57，阿里克·克申鲍姆
P59，阿里克·克申鲍姆
P62，阿里克·克申鲍姆
P71，特内里费鹦鹉公园视听部

◆ **[第三章] 鹦鹉**

P75，私人收藏
P84，阿里克·克申鲍姆
P86，阿里克·克申鲍姆
P87，阿里克·克申鲍姆
P88，阿里克·克申鲍姆
P91，威廉·穆尼奥斯
P95，维基百科
P96，阿里克·克申鲍姆

◆ **[第四章] 蹄兔**

P101，阿里克·克申鲍姆
P102，阿里克·克申鲍姆
P108，阿里克·克申鲍姆
P112，阿里克·克申鲍姆
P117，阿里克·克申鲍姆

◆ **[第五章] 长臂猿**

P123，私人收藏
P124，维基百科
P126，阿里克·克申鲍姆
P128，阿里克·克申鲍姆
P131，阿里克·克申鲍姆
P132，私人收藏
P135 上，阿里克·克申鲍姆
P135 下，安杰拉·达索
P142，阿里克·克申鲍姆
P143，安杰拉·达索

◆ **[第六章] 黑猩猩**

P149，私人收藏
P155，阿里克·克申鲍姆
P157，阿里克·克申鲍姆
P160，阿里克·克申鲍姆
P164，冯·格拉塞斯费尔德

◆ **[第七章] 人类**

P173，维基百科
P175，阿里克·克申鲍姆
P177，阿里克·克申鲍姆
P179，克莱尔·斯波蒂伍德
P182，马歇尔-佩希尼、卡米尔·巴辛和弗里德里克·朗格
P194，阿里克·克申鲍姆

◆ **结语**

P199，休·洛夫廷

INDEX
索引

"seet"声 111—112, 144

B

爆裂脉冲 53, 54

白鼻长尾猴 191

白掌长臂猿 125, 127—128, 131—132, 135—136, 140, 147

斑马 51, 128, 151—152

伴侣关系 93

榜样—对手教育法 90—92, 96, 97, 180, 190

边境牧羊犬"切瑟" 184, 202

标志哨声 58—65, 68, 73, 87, 188

捕食者

    长臂猿应对捕食者的行为 137, 139—143, 147, 148

    顶级捕食者 23, 68

    狗应对捕食者的行为 181

    海豚应对捕食者的行为 63

    黑猩猩应对捕食者的行为 155

    狼作为捕食者 23, 35, 41

    蹄兔应对捕食者的行为 104, 105, 107, 111—112

    鹦鹉应对捕食者的行为 93, 94

哺乳动物 34, 76—77, 102—104, 159, 169, 213—214

C

操作性条件反射 80

草原犬鼠 138

长臂猿

    白掌长臂猿 125, 127—128, 131—132, 135—136, 140, 147

    长臂猿的警报 138—142, 148

    长臂猿的手臂 124

    长臂猿的啼鸣 13, 18, 127,

    长臂猿的演化 125—127, 129, 130, 131, 136, 137, 139, 144—146, 148

    长臂猿的族群 127

    东黑冠长臂猿 123—125, 127, 147, 217

    越南的长臂猿种群 65, 123, 126, 127, 174

巢 94—96

嘲鸫 116, 134, 136

诚实指标 107

冲突 26—27, 35—36, 46, 105, 152

宠物 3, 16, 38, 78, 94—95, 194, 204, 206

喘吁呼啸 155

词语

    长臂猿对词语的使用 148

    词语的含义 28, 64—66, 188—189, 193, 206

    词语的声调 30

    词语的顺序 72, 109—111, 121, 187, 192, 197

    词语的组合对语言的重要性 103, 193—194

    动物语言中缺乏词语的现象 148

    对词语的理解 180

    非语言的交流形式 8

    狗对（人类）词语的学习和理解 181—184

    海豚对词语的使用 64—68

    黑猩猩对（人类）词语的学习、理解和使用 162—166

    描述情绪状态的词语 38—39

    齐夫定律 146—147

    鹦鹉对词语的学习和理解 77—80, 84, 86, 180

从动物园"越狱" 160

粗吼 157—158

催产素 182

D

大脑 111, 115, 118, 121, 136, 139, 148, 180, 190, 191, 193, 197, 207, 211—214

大数据 67

大象 6, 11, 101—102, 183, 196, 211

大猩猩 10, 13, 90, 125, 127, 130, 131, 151, 165, 171

大猩猩"可可" 165—166, 171

东黑冠长臂猿 123, 124, 125, 127

动物伦理学 162

动物行为学 5, 78

毒素 77

对狼群的恐惧 44

F

发音 186—187

反刍 104

方言 41, 43, 116

飞蛾 14

非洲灰鹦鹉 78, 84—87, 98, 150, 170, 177

分级的叫声 56, 63

分裂—融合社会 59—60

G

缟獴 110

歌唱（作为一种表达方式）

    长臂猿的啼鸣（行为） 127, 132, 134, 140, 143

    歌唱行为的习得 77, 78

    鲸的歌唱行为 15

    蹄兔的鸣唱（行为） 103, 105—109, 111—114, 116, 118—119

歌声

    雌性长臂猿的歌声 124, 129

    鲸歌 208—209

    模仿 12, 13, 31—33, 43, 59, 78, 80, 86—89, 97, 98, 116—118

    蹄兔的鸣唱 103, 105—109, 111—114, 116, 119

    猿啼 147

H

海豚

    标志哨声 58—61, 64, 65, 68, 87, 188, 220

    长臂猿的二重唱 128

    飞旋原海豚 51

    非标志哨声 61—65

    分裂-融合社会 59—60

    回声定位 53—54

    将海豚语言译成人类语言 66—69

    圈养 54, 69—70, 72

    咔嗒声 50, 52—56

    哨声 50, 51, 53—67, 72—73, 157, 176, 186, 201, 208, 209

    驯化 178, 182, 183, 200, 204

海豚"阿克" 71, 192

含义

    长臂猿啼鸣的含义 127—130, 138—144

    海豚哨声的含义 54, 57—58, 61—63, 64, 66—69

    黑猩猩声音的含义 153—155, 157—161, 163—165

    狼嚎的含义 27, 28, 32, 34—40, 43

蹄兔鸣唱的含义 108—111，112，119—120

响蜜䴕鸣声的含义 178—180

鹦鹉对人类语言含义的理解 78—83

好奇 49，51，70

合趾猿 136

合作

长臂猿之间的合作 128，137

狗与人类的合作 182—183

海豚之间的合作/海豚与人类的合作 59—60，68，70，72—73

黑猩猩之间的合作 151，160—161，169，171

狼之间的合作 25，27

蹄兔之间的合作 104

响蜜䴕与人类的合作 178—180

鹦鹉之间的合作 95—96

黑猩猩

喘吁呼啸 155

吠叫声 147，159，161

复杂的社群结构 151，152，163，188

狩猎 158—161，169

说谎 166

通过手势、视觉表现交流 154，156，163

文化 150

野生黑猩猩的叫声 154，156，158

与人类的相似性 172，174，198

猿类词典 168，170

猿类演化谱系 131

J

记忆 68，126，137

尖啸声 2，18，108，110，113—114，117，120，134—135

交流

复杂的交流系统 54，65，67，110，136，148，186，189，204

化学信号传递 211，212

跨物种交流 205

视觉交流 15，52，154，156

细胞间的信息交流 211，212

细菌间的信号传递 211，212

叫声

黑猩猩的吠叫声 157，159—160，

狼的吠叫声 28，30，33

蹄兔的吠叫声 102，103

鲸 6，15，67—68，113，208—209

警报声 112，138—140，142，144，147，155，177，188，214

竞争对手 36，106，107

镜子测试 211

句法 103，113—121，134—135，190—193，197

长臂猿歌声的句法 136

句法对信息复杂性的影响 144—147

句法的定义 113—114

句法的来源 120—122

句法的模仿 116—117

句法的普遍存在 103，113，115，119，121，191—192

句法的演化 114—115

句法和语法之间的关系 120—122

蹄兔歌声的句法 103，114，117—118

圈养
　　黑猩猩　150，154，157，166，167
　　海豚　84
　　狼　37
　　鹦鹉　54，69，70

K

孔雀　119
恐龙　101，104，123，213—214
昆虫　212—213

L

蓝山雀　19，112
狼
　　不同狼群的方言　41—43
　　对黄石公园狼群的研究　24，25，35，40
　　吠叫　28，30，33
　　狗和狼的异同　181
　　红狼　34，43，216
　　谨慎行为　23
　　狼嚎　22—23，31—35，38，40—45
　　狼群　13，19，24—29，32—33，35—36，41，44，45
　　狼群成员之间的玩耍　25，28，41，45
　　狼群的狩猎　26，33，36
　　人类对狼的恐惧　22，44—45
　　人类与狼群的交流　24，44—46
狼嚎
　　被圈养的狼的嚎叫　37
　　对狼嚎的调查　32，33
　　海豚哨声与狼嚎的对比　34，55
　　嚎叫的功能　43

狼嚎的含义　27，28，34—44
狼嚎的频谱图对比　31，33，42
狼嚎中的方言　41，43
人与狼的交流　23，29，44—45
狼群交流　28，29，35，93
老虎　106
联络叫声　62—63，138
联盟　59，152—153，158，161，211
椋鸟　2，113，191
灵长类　9，125，127，130—131，136—137，154，169，183，210
领地行为与食物资源之间的关系　105—106
领地宣示行为　35—37，45，106，127，131，136，155，206
领航鲸　113
鹿　3，20，28，36，38，41，104，106
罗素的（情绪分类）环状模型　39

M

马　6，12，184
蜜蜂　2，5，6，178，179，203，213
蜜蜂的舞蹈　2，5—6，14，203，213
名字　57—60
鸣禽　69，87，98，108，112，116
模仿
　　模仿海豚的哨声　59
　　模仿狼嚎　31
　　模仿蹄兔的歌声　117，118
　　模仿与理解　75—76，80

- 230 -

N

南方古猿　161

能人　174

拟声词　186

鸟类　35，58，76，77—79，83，85，87，88，93，116，178，179

鸟类羽毛　14，79，93，94，106

诺姆·乔姆斯基　190—191

O

欧亚鸲　9，10，116

P

帕森斯编码　57

咆哮　2，15，28—30，33，35，54，213

炮舰外交　27

喷鼻声　107—108，113—114，117，134—135

皮毛　9，12，22，154

频谱图

　对频谱图的理解　16—18

　海豚声音的频谱图　51，，56

　黑猩猩声音的频谱图　155，157，159—160

　狼嚎的频谱图　31，33，42

　频谱图的定义　16

　蹄兔声音的频谱图　108

　鹦鹉声音的频谱图　85—87

Q

欺骗　166—167

气味　14，27，212

迁徙行为　10，159，160

琴鸟　88

青腹绿猴　139，188

情绪　38—40，96，141，144

权衡　34，146

R

人格化　167

人工智能　67，208，209

人类

　人类对于语言的定义　174，176—180，184，187

　人与动物之间的交流　175—182，185，186，189，191—193

　人与狗的关系　177，181—184

　使用语言达成合作　175，178—180，182—183

　语境和语言　187，188，193—198

认知能力　98，127，136，161，166

任意性　186

S

山雀　111—112，137，191

哨声

　海豚　50，51，53—68，72—73，157，176，186—187

　狼　34

　鹦鹉　85—89

社会认知　153，161

神经网络　67，208，209

生殖的演化　212—213

狮子　2，11，35，51，96

识别个体　24，43

实验心理学　4

食腐动物　26，183

食物

长臂猿之间与食物相关的交流方式　127，128

黑猩猩之间与食物相关的交流方式　152—154，157—158，160，167

觅食行为　51，69，73，77，93，105，126，136，137，183

蹄兔之间与食物相关的交流方式　104—106

鹦鹉之间与食物相关的交流方式　77，80—82，91，93—94

在单雄群体演化中食物资源的影响　151

使用工具　150，174

视觉器官

海豚的眼睛　52

灵长类动物的眼睛与视觉　137

鸟类的眼睛与视觉　200

眼神交流　19，182

夜行性哺乳动物的眼睛　213

鹦鹉的眼睛与视觉　75，84

手势　46，71，85，90，153—154，163，165，170，175，189

手语　150，163，165—166，169

守卫　106，134

狩猎

黑猩猩的狩猎　158—161，171，172

海豚狩猎　68

狼群的狩猎　23—26，33，36

狩猎采集者　195

T

蹄兔

对蹄兔鸣唱中语言结构的探索　112—114，119

鸣唱　103，105—109，111—114，116，119

群体中的统治地位　105—106

演化　104，111，115，118，120—122

跳舞　36

调幅　32

调频　32

骰子　113—114

兔子　101—102，104

W

玩耍　25，41，45，51—53，68—70，93

威慑　45

围攻行为　112

维持族群凝聚力的叫声　36

位移性　185

问题解决能力　76，77

倭黑猩猩　125，130，131，163，165

倭黑猩猩"坎兹"　163，165

乌鸫　116，136

乌鸦　76，196

X

稀缺资源　136

细菌　211—212，214

虾　55

响蜜䴕　178—180

想象　28，207

象形文字　186

笑声　154

心理表征　73

心理状态　81，197，208

- 232 -

心灵感应　6，8，50

信息

　　长臂猿啼鸣中的信息　127—144

　　海豚交流中的信息　54—60

　　黑猩猩交流中的信息　153—158

　　狼群交流中的信息　27—30，35，36，42—43

　　蹄兔鸣唱中的信息　105—111，112—118

　　信息处理　213

　　信息量　112，113

　　鹦鹉交流中的信息　78—89

信息共享　82—83

信息素　14，213

宣称

　　认知能力　98

　　所属的群体身份　67，134

　　宣示领地　35—37，43，45，106，108，127，131，136，155，206

　　展示、炫耀（雄性的求偶行为）　105，107，129，138

旋律　56—57，88

学习

　　长臂猿的学习行为　129

　　对歌曲的学习　115—118，129

　　海豚的学习行为　67，70

　　黑猩猩的学习行为　150，151，163，165，166，169—170

　　开放式的学习方法　116

　　狼的学习行为　43

　　蹄兔的学习行为　103，115—116，118

　　响蜜䴕的学习行为　180

　　鹦鹉的学习行为　77，80，84，87，89—92，96—98

训练动物　60，70—73，84，90—91，97，154，162，171，180，192—193，202，206，210

Y

演化优势　6，13，28，39，85，91，99，121，133，138，151，167，189

演化中的能量消耗　133，213

鼹鼠　14

尧族　179—180

仪式化　68，189，205

异同实验　71—72

音调明确的声音　28，30—34，42，108，157

鹦鹉

　　榜样—对手教育法　90—92，96，97

　　对指称概念的理解　81—83，92

　　非洲灰鹦鹉的语言技能　78，80—87

　　观察学习方式　84，90—92，97

　　和尚鹦鹉　94—97

　　群体生活　93—94，98

鹦鹉"亚历克斯"　75，78—80，82—84，90，96—99，177，184，190，192，208

疣猴　159，160

有攻击性的行为或信号　204—205

有意　119，192

语法　110—111，120—122，139，192—193

语境　187，188，193—198，201

语言

　　黑猩猩学习人类语言　161，162—166，171

　　人类语言　7，13，38，43，60，66，67，81，109，

110，120，121，129，130，147，148，161，162，167—169，171，174，184—188，191，197，201，222

因纽特语言 190，222

鹦鹉学习人类语言 78—80，147—148

语言的"指纹" 191

语言的定义 19，61，64，133，147，165，176，180，187，207，208

语言的演化 73，77，92，96，107，121，129，136，171，211，214

语言的抽象特征 181—183

语言特征的离散性 186

语言学家 165，166，185，186，190

语义 32，61，185，188—189，196

遇险时的呼叫 58

Z

喳喳声 85—87，107—108，114，120，129，135

战斗 35，106

章鱼 65

召唤

   等级 158

   分离 30，40，46，58

   警报声 138—144

   联系 35，36，40，45，128，155，156，179

   凝聚 40，60，152

指称概念 81—83，92

转换图 134—136

组合操作 191

座头鲸 6，67，208—209